でも
り！

ちょっと待った、その介護離職

介護離職予防コンサルタント

児玉浩子

みらい PUBLISHING

まえがき

親の介護をしながらあなたの人生を思い通りに生きることは可能だ

この本は、親の介護をしながら思い通りの人生を歩みたいと考える人のための本です。

親の介護をしながら思い通りの人生を生きることは可能です。

でもそう断言できるようになるまで、親族の介護をはじめて約30年かかりました。

半年ほど前、友人から残念だなと思った話を聞いたのでシェアします。

1部上場企業で働く40代男性の介護離職。

その友人の友人は某有名企業に勤めていました。

名前を聞けばほぼすべての人が知っているし、お世話になっている大企業です。

おひとりさまの彼は、母親と実家で二人暮らし。

半年ほど前から、認知症の70代の母親の介護が始まりました。

詳しくはきけなかったのですが、半年ほど仕事と在宅介護を両立させて、「もう無理」と仕事を辞めてしまったそうです。

これって、もったいないと思いませんか。

私はかれこれ約30年、親族の介護にかかわっています。

4人目の母の介護が始まったとき、「もう無理」と悩んだ末に施設介護を選びました。

昔ながらの考えの親戚からは、親不孝だと、ののしられました。

当然、結婚式に、親戚は集まってくれず。

私の親族からは、父親だけの参加。

20代、30代で親の介護をしている人は分かると思うのですが、親族の介護をしていると、ほんと結婚することすら高嶺の花なんですよね。

数か月前、偶然学生時代の友人に街でばったり会い、初めて今まで約30年親族の介護をしている話をしたんです。

そうしたら遠慮がない友人ということもあって、本音で、

「旦那よく結婚してくれたねぇ。俺だったら絶対しない」

と強調されました。

そして現在は3人の子どもの子育てと母親の介護を行うダブルケア中です。

30年前には、介護は家族だけで行っていました。

家の中は認知症の祖母をめぐって、常にバタバタ落ち着かず、24時間休めない介護のせいで、母は介護うつになりました。

母の言動に耐え切れなかった父は、今でいう介護が原因の介護離婚をしました。

でも、今は介護保険があるから、家族の負担はだいぶ減りました。

介護保険サービスを駆使すれば、家族は24時間の介護から解放されます。

現代の介護では、徹底的に介護保険サービスを駆使して、思い通りの人生を歩む――そういうライフスタイルも可能になりつつあります。

第2章　一番大事なのは自分の人生

第3章　介護保険制度を徹底的に活用しよう
（チャートで考える介護の選択）

第1章

ちょっと待てその介護離職

1　まずやること、これだけやれば大丈夫

親が倒れたら、あわてますよね。

私は30歳のときに、母親が脳梗塞で倒れました。

そして、39歳のときに父が外傷性脳内出血で緊急入院し緊急手術。

その後41歳のときに、父が敗血症で緊急入院し、今まで3度あわてました。幸い父は回復しましたが、母は要介護5で、退院後は施設での介護を13年続けています。

そこで、親が倒れたときに、まずやったほうがよいことをお伝えします。

(1)　親の病状の確認

まず最初に病院に駆けつけたら、主治医に親の病状を確認しましょう。

手術が必要な場合は、手術方法の説明と、手術の同意書へのサインが先に求められます。

また、手術後どのくらい回復できるかという可能性の説明だけになるかもしれません。

手術が終わった後にも、主治医からの説明を聞きましょう。手術後すぐに説明してくれる場合もあれば、数日たって症状が安定してからの場合もあります。

私の母が脳梗塞で緊急手術したときには、手術後数日たって症状が安定してから説明を

受けました。

主治医はまず最初に、「お母さんは運がいい」と言いました。

「経験からいうと、脳梗塞だと3分の1の人はすぐ亡くなる。3分の1は後遺症が残る。そして残りの3分の1はほとんど後遺症なく治る。発見まで時間がかかったのに、お母さんは亡くならず生き残ったのだから、運がいいと言っていいと思う」

たぶんほとんどの人は、親が倒れた後、生き延びたとしたら、元気なころのように完全回復を望むのではないでしょうか。

私もそうです。そこで、医師に確認しました。

「それで母は治るのですか？」

「治らない。一生寝たきりだと思う」

主治医に宣言されたとき頭を殴られたような衝撃を受けました。

私が呆然としている様子をみて、同情してくれたのでしょうか。重ねて言われました。

「あなたのお母さんは生き延びただけ、運がいいんだよ」

⑵ 親の金銭の管理状況の把握

親が急に倒れたとき、親の財布や通帳を預かっていないことのほうが多いでしょう。

そんなときに、入院費用や介護施設の利用費の支払が発生すると、子どもは立て替えることに。親と話ができるようであれば、すぐに財布や通帳などの保管場所を確認しましょう。

私も親が入院するたびに、財布や通帳の場所を探しています。

母の場合は、簡単な受け答えはできましたが、財布や通帳の場所は思い出せないようでした。

父のときは、財布を持ち歩いていたようで、すぐに着てきた洋服から発見できましたが、肝心の銀行のカードの暗証番号は聞き出せませんでした。

もし可能なら、普段から親子でコミュニケーションを取り、財布や通帳などの財産の管理について話し合っておけると安心ですね。

(3) 介護保険を利用するための手続き

親が急に倒れると、入院時の持ち物の準備や手続きにばかり気を取られて、介護保険の手続きをするのを忘れてしまいがちです。私もそうでした。

緊急手術後の医師との面談後、病室に戻り母に声をかけました。

母はただ「家に帰りたい」の一点張り。

ちょうど私はうつ状態がひどい時期だったので、母を連れ帰って、面倒を看れるだけみて、看れなくなったら母を殺して自分も死のうと、思いつめていたことを思い出します。

母が倒れたころは、介護保険制度が始まって5年くらいのころ。

それでも家族介護で10年以上やってきた私には馴染みがなかったので、申請するつもりもありませんでした。

そこへやってきた年配の看護師さん、きっと思いつめた表情の私をみて、元気づけようとしたのでしょう。

「あんたしっかりせなあかんで。まだお母さん若いからあと20年は世話してあげなあかんから」と励まされ、正直言って途方にくれました。

「お母さん介護が必要になるから、地域連携室へ行って相談してきたら」

看護師からすすめられ、地域連携室のソーシャルワーカーに相談しました。

ソーシャルワーカーとは入院患者やその家族に福祉的な助言やサポートを行う専門職です。緊急入院を扱っているような大きな病院では、名称はいろいろありますがソーシャルワーカーが在籍していることでしょう。

母は手術後も少し話ができたので、希望をきくと「家に帰りたい」の一点張り。そこで、母が家に帰りたいと言っているので、母を連れて帰って家で面倒みようと思うと伝えました。

私は、母方、父方の祖母を介護保険制度ができる前に在宅で介護した経験から、介護は家族がするものという思い込みがありました。

そこで、なんとなく介護保険サービスを使うのに抵抗があったのです。

ソーシャルワーカーの年配の女性は、

「あなたまだ若いのに、お母さんの介護で人生棒に振るで」

黙っているわたしに「お母さんまだ若いから、あと何十年介護が続くか分からへんで」と親身になって心配してくれ、介護保険の申請の手続きの方法などを丁寧に説明してくれました。

私が申請を渋っていると、

「いい施設ができたばかりで、まだ空きがあるってきいているから一度行ってきたら」

施設の人を紹介してくれることになりました。次に病院を訪れると、介護施設の人が車で迎えに来てくれました。

施設は清潔で、介護職員も明るくて丁寧に高齢者に接しています。私が一人で母を介護しても、ここまできちんとできそうにないと感じました。

介護施設の人はソーシャルワーカーから事情をきいていたのでしょう。

「お母さんは若いからあと何十年介護することになるか分からないでしょう。お母さんの介護は、私たちでしっかりさせてもらいます。東京に帰って、あなたはしっかり仕事して、いい人みつけて結婚せなあかんで」

母が脳梗塞で倒れるまで、親族の介護が続いていました。そして、母も介護が必要になったので、もはや結婚は諦めていました。

しかし、介護施設の職員の言葉で、母を施設で介護すれば、仕事も続けられるし、将来良い人に巡り合えば結婚もできるのかもしれないと、希望が湧いてきました。

そこで、施設見学後、意を決して、ソーシャルワーカーの下に行き、介護保険の申請の手続きを代行してもらいました。

私は母が退院する前に、介護保険の申請手続きができました。それというのも、病院のソーシャルワーカー、介護施設の職員、さまざまな人の助けがあったからです。ほんとうにありがたいと思っています。介護保険サービスを使うことに心理的抵抗のあった私一人では、介護保険の申請はきっとできなかったでしょう。

今だから言えることですが、母が退院する前に早めに手続きをしておいて良かったと思います。

介護保険の給付は、申請日にさかのぼるので、申請日から介護保険サービスを使うことはできます。

ですが、要介護度が思っていたよりも軽かった場合、介護保険サービスを使い過ぎて、一部が全額自費になることも。そうなると経済的な負担が重くなりますよね。

そうならないように、親が倒れたら早めに申請だけはしておくことをおすすめします。

2　親の介護で3度は離職を考えるときがくると知っておくと気が楽になる

私は今まで4人の親族の介護を経験しています。40代から50代の友人や知り合いもだんだん親の介護を始める人が増えてきました。

今まで経験したことや、友人たちから聞いた話から、親の介護で仕事をやめようと思うきっかけをまとめてみました。

(1)　親が倒れたり認知症が始まったとき

親が倒れたり認知症が始まったとき、どんな人でも動揺することでしょう。

私の知り合いで60代で事業資金のコンサルタントをしている人がいますが、前職で上場企業の支店長をしてたときに、母親が倒れたそうです。

支店長の仕事は多忙を極めたそうです。とても介護と両立できそうにありません。そこで、苦労をかけてきた母親に、せめて最後に親孝行をしたいと仕事を辞めてしまったそうです。

このように、親が倒れたり認知症が始まったときに、親孝行をしたいと仕事をやめようと思うときがきます。でも、ここが踏ん張りどころですよね。仕事をやめてしまうと、通常後戻りはできないのですから。

本当にやめて良いのか、よく検討したいものです。

（2）施設が見つからないとき

仕事をしていると、24時間介護が必要な親のそばにいられませんよね。在宅介護サービスを使って、何とか乗り切ろうとしても、認知症で徘徊がはじまったりすると、施設介護へ切り替えが必要になります。

そんなとき、施設が見つからないと、仕事を辞め、親を見守りたいと考えるのは当然だと思います。

私たち家族の経験では、認知症の祖父の介護でこのような経験をしました。

認知症の祖父を一人で置いておけず、父が同居したのですが、父も仕事があります。日中、祖父は家で、一人で過ごしていました。

ガスを消し忘れるので、ガスを触らないように伝えていたのですが、料理をしようとしてガスをつけてしまうのです。

そして、ガスをつけていたことを忘れ、父が家に帰ると家じゅうが焦げ臭い。あわてて父がガスを消すのですが、鍋のなかは真っ黒こげ。祖父はガスをつけたことをすっかり忘れていたそうです。

そんなことが何度も続き、介護保険の申請をして、とうとう施設を探すことにしました。ところが近くの施設はなかなか空きがない。ケアマネジャーに探してもらいましたが、数か月は施設が見つかりませんでした。

ようやくみつかったのは認知症の人のためのグループホーム。祖父を説得して、ようやく入所してもらいました。

これで仕事に専念できると思ったのは、数か月だけ。突然グループホームから父のもとに電話がありました。

「退所してもらいたいので、すぐに迎えにきてほしい」。

仕事中だった父も私も突然のできごとで、動揺しました。

経緯を確認すると、祖父と他の入所者の男性が80代の女性をめぐって口論となり、祖父が他の入所者をなぐったということでした。意外かもしれませんが、高齢者施設での入所者同士の男女関係のトラブルはけっこうあるようです。

まさか、自分の祖父がそんなトラブルを起こすとは。

入所者同士で今後トラブルが起きるとよくないということで、祖父に退所を求めたということでした。

父は仕事が終わってから祖父を迎えにいきました。

ケアマネジャーに他の施設がないか確認をしてもらいましたが、すぐには見つからず。そのとき、父と私のどちらかが仕事をやめて、祖父の面倒をみるか相談したことを思い出します。

その後、ケアマネジャーが3週間のショートステイを受け入れてくれる施設をみつけてくれたので、ショートステイと在宅を組合わせる方法で、しばらくやり過ごすことができました。

このように、施設がみつからないことが仕事を辞めようと思うきっかけになり得ます。

ケアマネジャーとよく話し合って、複数の施設を確認しておくことをおすすめします。

（3）親の病状が変化したとき

親の病状が悪い方に変化すると動揺すると思います。

私の知り合いの50代の女性は数年前、母親の介護で疲れて、もう少しで離職するところだったそうです。

施設に入所していた母親の体調が思わしくなく、病院へ入院。その後、意識不明になることが度重なり、1か月のうちに何度も仕事中に呼び出しがかかったそうです。

片道2時間かけて病院に着くと、容体が落ち着いていて一安心。

また数日すると呼び出される。そんなことが度重なりました。

だんだん疲れてきて、仕事が手につかず、不安で夜寝ることもできない。

精神的に疲れてきて、辞表を書いて提出したところ、心配した上司が留保。

その1週間後に母親は亡くなったそうです。

結局、上司から辞表を返してもらい、仕事を続けることができたそうです。

私も祖父の時に経験したのですが、亡くなる半年くらい前から、体調が変化し、施設から病院へ移りました。

ときどき人事不省に陥り、そのたびに祖父のもとへ。

病院に着くと症状が安定していて話すことができたことも。ところがまた意識不明になり、病院から呼び出される。

こんなことを繰り返すうちに入院後6か月くらいで亡くなりました。

親の病状の変化で呼び出しが続くと、仕事が手につかなくなります。こんなとき、ふっと仕事を辞めようかと考えてしまうかもしれません。

3　職場に親の介護のことを伝えるか迷ったときに考えるべき3つのポイント

（1）職場の環境

まず考えるべきは職場の環境ではないでしょうか。

一般的な介護離職予防の著書を読むと、親の介護が必要になったらまず職場の上司や人事部に報告して相談するようにすすめています。

でも本当にそれで良いのでしょうか。

私は20代の頃、就職超氷河期時代を経験しました。

その頃はどんな仕事でも正社員で働ければマシという時代で、今のようにブラック企業という言葉はありませんでした。

終電まで働いても残業代はビタ一文出ず、20代の同僚は2か月もすると私以外誰も残っていない、今でいう超ブラック企業で正社員として働いていました。

不況で倒産した企業から転職してきた40代〜50代の社員は、日々ノルマを課せられ、ノルマが達成できないとお仕置きと称して何時間も責め続けられる。

それを見た他の社員は次の日には出社して来ないことも、日常茶飯事でした。今はここまでひどい会社はないかもしれませんが、こんな環境にいたら親の介護で休ませてほしいとは言いにくいですよね。

また、昨今では人手不足が続くにもかかわらず、大手企業でも40代から定年前の早期退職を募る企業が増えているそうです。

報道によると2020年に40代以上の企業の早期退職募集の計画は1万人以上。最近も食品メーカーで40代早期退職を募っているとの新聞記事がありました。

新聞にのるくらいですから、名前をきいたことがある大手企業ばかり。もはや新卒で大手企業に入社できれば安泰ではないようです。

そんな会社でも、表面上は介護離職予防研修をやっていたりするかもしれませんし、会社内に支援体制があるかもしれません。

でも、企業の本音は本気で介護離職を予防したいのか疑問を感じることも。

40代、50代の辞めて欲しい世代の人が親の介護で辞めてくれる。そうすると会社としては辞めさせたことにはならず、早期退職割増金も払わなくてよく人事部としては願ったりかなったりなのかなと。

一方で、介護や育児をする社員のために原則、転勤をなくした企業についても報道されています。自分の勤めている会社がどういう会社か、よく考えて伝える必要があるのではないでしょうか。

(2) 自分のキャリア

会社に伝えるとき、将来自分の望むキャリアについて考える必要もあります。

親の介護について会社に伝えると、特別の配慮をしてくれるかもしれません。ですが、自分の望むキャリアを積めないことも。

私は超ブラック企業から、その後、今風にいうと超ホワイト企業に転職しました。そこは福利厚生はしっかりしており、申し分ない環境。

介護する親がいたり、世話をしなければいけない子どもがいる女性には特別の配慮をしてくれました。

それは責任あるポジションにつけないこと。そうなるとどんなに努力したくても、社内的なキャリアアップは望めません。将来自分がどんなポジションにつきたいか、見極めたうえで、親の介護について会社に伝える必要がありそうです。

(3) 親の状態

親の状態も会社に伝えるかどうかのポイントになり得ます。

たとえば、親が軽度の認知症でぼんやりと一日中座っている程度なら、介護のために仕事を抜け出す必要はあまりないかもしれません。

反対に、認知症で徘徊がはじまっているのに、施設の空きがないばかりに在宅介護している場合には、警察から連絡が入ったりして、仕事を中断して家に帰る必要があることも。

親の病状が重く、いつ病院から呼び出しがかかるか分からないときも、同様です。

親の状態によっては、周りに迷惑をかけることを事前に伝えて、協力をお願いする必要があるかもしれません。

4 親の介護を職場に伝えるときの3つのポイント

親の介護について会社に伝えるとき、次の3つは伝えたほうがよいと思います。

(1) 親の状態

親の要介護度やどの程度介護が必要なのか。在宅介護なのか、施設介護なのか。

親の介護で呼び出される可能性があるのかなど、大まかなところは伝えておきましょう。

上司や人事部だけでなく、仕事でサポートしてもらうかもしれない同僚にも伝えておけるといいですね。

(2) 仕事の進捗

今任されている仕事の進捗具合を上司に伝えておきましょう。

今どこまで進んでいるのか、いつまでに終わるのか。親の介護でどこまで遅れる可能性があるのか。場合によっては、他の人に担当替えしてもらうことも必要になるかも。

そして、万が一サポートが必要になることも考えて、同僚にも伝えておきましょう。

(3) 今後の見通し

私の父方の祖母は病院で発見されたときには、末期がんで入退院を繰り返し1年程で亡くなりました。

それに対し、脳梗塞で要介護5の母は、手術後13年間施設介護が続いています。

正直言って、末期がんでもない限り、介護は見通しを立てにくいと思います。

それでも、たとえば認知症の親の施設が見つかったら、施設介護に切り替えるので、仕事に打ち込めそうだとか、介護休業を取りたいなど、今後の見通しを伝えておきましょう。

それに応じて上司は仕事の割り振りを考えるはずです。

5　職場に親の介護を伝えたときに使える介護休業制度と介護休暇制度

親の介護が始まると、介護保険の申請などで、どうしても仕事を休まざるを得ないときがあります。

そんなときに、職場に親の介護を伝えたときに使えるのが介護休業と介護休暇です。

親の介護で仕事を休むことが制度で認められています。

ここでは概要をお伝えします。詳細については、厚生労働省のホームページで確認することをおススメします。

（1）介護休業を使う

親の介護で休むことができる制度として、介護休業があります。

介護休業は、育児・介護休業法という法律で定められています。

①介護休業の対象となる要介護状態とは

親の介護のために介護休業を取る場合、親は要介護状態でなくてはなりません。

育児・介護休業法で定める要介護状態は以下の通りです。

負傷、疾病又は身体上若しくは精神上の障害により、二週間以上の期間にわたり常時介護を必要とする状態

たとえば、一人暮らしの親が転倒して骨折して入院した場合を思い浮かべてください。

この場合、リハビリして完全復帰できればよいのですが、通常、帰宅後、親自身で買い物などの外出ができなくなったり、食事の用意や洗濯などの日常家事が行えなくなることがあります。この状態は、親が亡くなるまで数年続くかもしれません。

このように2週間以上の期間にわたって、介護や生活援助が必要となる状態を

想定しています。

②介護休業における対象家族

介護休業をとるためには、育児・介護休業法の定める対象家族にあたらなければなりません。

対象家族とは、以下の人をいいます。

・配偶者（婚姻の届出をしていないが、事実上婚姻関係と同様の事情にある者を含む。）

・父母　・子　・祖父母

・兄弟姉妹　・孫　・配偶者の父母

③介護休業の対象となる労働者

育児・介護休業法で定める介護休業をとれる労働者は以下の人です。

・当該事業主に引き続き雇用された期間が一年以上である者

・介護休業開始予定日から起算して九十三日を経過する日から六か月を経過する日までに、その労働契約（労働契約が更新される場合にあっては、更新後のもの）が満了することが明らかでない者

パートや派遣社員を含めた労働者が介護休業の対象になります。

しかし、日雇いの労働者は含まれません。

④ 介護休業の期間

介護休業の期間は、対象家族1人につき、通算して93日に達するまで3回を上限として分割して取得することができます。

もし、父親の介護休業取得後、母親の介護が必要となった場合には、母親のための介護休業を取得することができます。

(2) 介護休暇

親の介護で仕事を休むことができる制度として、介護休暇を使えます。

介護休暇も育児・介護休業法に定められた制度です。

① 介護休暇における要介護状態と対象家族

介護休暇における要介護状態と対象家族は、介護休業と同じです。当然要介護状態の親は含まれます。

② 介護休暇の対象とならない労働者

・雇用期間が6ヶ月未満の労働者
・1週間の所定労働日数が2日以下の労働者

③ 介護休暇の日数

介護休暇の日数は、会社などの事業者の定めがない場合、4月1日から3月31日までの1年間に、対象家族1人につき、5日です。対象家族が2人以上の場合は、10日まで取得できます。

介護休暇は、介護休業や年次有給休暇とは別に、1日単位、または、半日単位で取得できます。

しかし、半日単位での介護休暇取得が困難な業務に従事している労働者と、1日の労働時間が4時間以下の労働者は、半日単位での介護休暇は取得できません。

（3）介護休業を利用したときにもらえるお金

親の介護のため、介護休業期間の賃金については、育児・介護休業法に定めはありません。そのため、多くの会社で給料は支払われません。

介護でお金がかかるのに、無給では、生活が困ります。

そこで、所得補償として、雇用保険から、介護休業給付金が支給されます。

対象家族1人につき介護休業期間が最大93日までですので、介護休業を分割取得した場合には、介護休業給付金も分割して支給されます。

支払われる金額は、原則として「休業開始時賃金日額×支給日数×67パーセント」となります。

介護休業給付の支給を希望する場合には、ハローワークへ申請する必要があります。

（4）制度が使えない人も

今まで介護休業と介護休暇についてご覧になって、気づいた人がいるのでは。

実は会社員でも制度が使えない人がいるのです。

介護休業では雇用されて1年未満の人、介護休暇では雇用されて6か月未満の人です。

たとえば、転職したばかりで親の介護が必要になったときには使えないのです。

以前介護離職を経験した人の著書を読んだことがあるのですが、その人は転職後すぐに介護が始まりこの制度が使えなかったそうです。この点は、注意しておいてくださいね。

6　あなたがフリーランスの場合の注意点

もしあなたが自営業などのフリーランスだったとしたら、当然介護休業や介護休暇は使えません。自分で仕事をやりくりして、親の介護のために休むことになるでしょう。

この点は、注意しておいてください。

7　あなたがすべきはまわりからのサポートを引き出すこと

親の介護が始まったときに、あなたがすべきことは、まわりからのサポートを引き出すこと。

介護保険の申請窓口の職員にアドバイスをもらうこともあるでしょう。ケアマネジャーや介護施設の職員からも様々なサポートを受けるはずです。

そして、職場や家族から。

すでにお伝えしたように、私も母の介護が始まったときには、多くの人のサポートを受けました。

病院のソーシャルワーカー、介護施設の職員。祖父の施設を探すときは、ケアマネジャーにお世話になりました。たった一人で、親の介護をすることはできません。まわりからのサポートを得て、親の介護を乗り切りましょう。

第2章

一番大事なのは自分の人生

1　まずは自分の人生の目標を決めよう（目標設定が第一）

約30年も親族の介護をしてきて、ようやく気づいたことがあります。

どのような介護をするかの選択肢は、実は介護者である子どもにあるということです。

いろいろな介護指南書を読みましたが、多くのものは、介護される人中心で書かれています。当然介護される人にとって満足のいく介護を目指すべきではあります。

しかし、介護する子どもが常に、介護される親の気持ちや都合に合わせることはできないのではないでしょうか。

私の場合、「家に帰りたい」という母の希望を聞いてあげることはできませんでした。

母の希望を聞いて、家で私が一人で介護しても、きっと今の施設介護よりもよい介護はできないと思います。どのような選択肢を選ぶか、子どもは迷うはずです。

ではなぜ迷うのでしょうか。

それは、自分の人生の目標が定まっていないから。

人生の目標が定まっていないと、つい目先のことに振り回されてしまいます。

親の言動や、親の身体や精神の状態は、すぐ目に付くはずです。その変化に合わせて常に行動しないといけないとしたら、すぐに心身ともに疲れ切ってしまうでしょう。

私の母は、認知症の祖母の介護で24時間付き添っているうちに、精神に異常をきたしてしまいました。

そこで、私がおススメしたいのは、自分の人生の目標をざっくりとでいいので、決めておくことです。

どういう風に考えればいいのか、いきなりだと分からないと思うので、巻末の「各種シートのダウンロード方法」を見ていただき、【1．ライフイベント表】と【2．人生の目標確認シート】をダウンロードしてください。

後ほど必要になるので、介護であなたをサポートしてくれそうな人を記入する介護サポート確認シート等も一緒にダウンロードしておいてください。


まず、【1．ライフイベント表】から説明します。

自分の家族（妻、夫、子ども）の名前と現在の年齢を記入。ここまでは通常のファイナンシャルプランナーが使うライフイベント表です。

ここに、自分の両親と、配偶者がいれば配偶者の両親の名前と年齢を記入します。

とりあえず、今後20年分を作ってみましょう。

70代の親は20年後は90代。まだ存命の可能性は十分あります。

そのとき、あなたはいくつでしょうか。

今後、数十年も介護が続く可能性を実感できると思います。

次に、【2．人生の目標確認シート】です。

いきなり人生の目標と言われても、急には思いつかない人もいることでしょう。

そこで、ざっくりとでいいので、1年後、3年後、5年後、40代以降は5年刻みでどういうふうに過ごしていたいか書いてみましょう。

たとえば、仕事はいつまで続けるのか、どんなキャリアを積みたいか、夫婦関係や子ども達との関係はどうするか。おひとりさまの場合、自分の老後をどうするのかなど、自分なりの目標を考えてみましょう。それに合わせて、親の介護について考えるきっかけになるはずです。

2　これまでの親子関係も考慮する

親の介護を考えるとき、一般的な著書では言われていないのですが、私はこれまでの親子関係もふまえて、かかわり方を決めたほうがいいと考えています。

そこで、先程ダウンロードした【4. 親子関係確認シート】に今までの状況を記入し、親子関係を確認しておきましょう。

親子関係が良好なら、親のためにたくさん尽くすことも、大変なときも、「こんなによくしてくれたんだから恩返し」と思えるかもしれません。実際に、そういう人に会ったこともあります。

一方で、介護が必要になるまでの親子関係が悪かったら、どうでしょうか。

たとえば、いわゆる「毒親」で、子どもの頃のあなたのことを苦しめ続けてきた母親。おとなになってやっと離れることができたのに、介護で誰も面倒を看てくれる人がいなくて、あなたのところに連絡がきた。そんなとき、素直に親のために介護できるでしょうか。

また、あなたとの親子関係は良好でも、あなたの配偶者との関係はどうでしょう。もし仲が悪ければ、あなたが親の介護のために多くの時間を使うことになったときに、配偶者との関係が悪化する可能性があります。

それから、あなたの親と、子どもとの関係はどうでしょうか。

介護は長丁場。これまでの親子関係も考慮した上で、親のために使える時間を考えましょう。

3 自分が介護に使える時間を割り出そう

仕事をしていたり、家庭がある場合、全ての時間を親の介護に使うことはできませんよね。

そこで、先程ダウンロードした「5．介護時間割出しシート」を使い、1週間であなたが介護に使える時間を割り出してみましょう。

仕事、睡眠、家族のために使う時間などを記入します。残った時間が介護に使える時間です。

あなたはフリーランスや在宅で仕事ができ、時間の融通がきくのでしょうか。それとも会社員で定時に仕事に行かなければならず、残業もかなりあるのでしょうか。仕事の状況でかなり使える時間に差があるのではないでしょうか。

思っていたよりも、時間がとれそうだとか、逆に、時間がとれないという、ざっくりしたもので良いです。

親の介護は長丁場になることを前提に。その期間のうちに、転職したり、定年退職したり、人生山あり谷ありですから、状況は刻々と変化します。
とりあえず、今の状況でどのくらいの時間がとれるか確認します。

4 介護に使える時間から親の介護サービスを決める

私がおススメするのは、自分が介護に使える時間がどのくらいか確認したうえで、介護サービスを選択することです。

親の介護についてのスタンスは、大きく分けて2つあると思います。

一つは、親の状態や希望に合わせて介護保険サービスを組合わせることです。

もし親の状態や希望に合わせて介護保険サービスを組合わせることを選択したとします。子どもが親の介護に専念できるのであれば、親の意見を聞きながら、希望に沿うように介護保険サービスを選ぶことも可能です。

この場合には、親が介護保険サービスを使いたくないと言い張るときには、全ての介護をあなた自身が行う覚悟が必要だと思います。

今まで話したことのある介護経験者は、介護を始めたころにこんなに長い期間介護を続けることになるとは思っていなかったといいます。そして、せめてもの親孝行として、介護を一手に引き受けたといいます。

何でも自分でやっているうちに、肉体的にも精神的にも疲れ切って、ようやく情報を得ようとする人もいます。

もう一つは、介護する子どもの都合に合わせて介護保険サービスを選ぶことです。子どもが仕事をしていたら、24時間親に付き添うことは不可能ですよね。そこで、子どもの都合に合わせて、施設介護や在宅サービスを組合わせる。

実際にはその二つを組み合わせた形になるのではないでしょうか。

介護の指南書で多いのは、親の状況別で介護サービスを選ぶ方法を伝えるもの。でも、一番にあなたが考えるべきは、あなたの人生です。

短い人なら数年で終わるかもしれませんが、私のように数十年も介護が続く可能性もあります。

数十年も親の状況にあわせていたら、40代、50代のあなたも親の介護が終わったら70代、80代ということも。人生の大事な時期をすべて親の介護で終わったということになりかねません。

親の介護保険サービスは、あなたが親のために使える時間から選ぶ。そうすることで、あなたの人生を守ることができるのではないでしょうか。

5　あなたが人生を犠牲にしたと感じない範囲で介護すると決める

親の介護で重要なのは、あなたが人生を犠牲にしたと感じない範囲で介護することです。私は祖父母の介護にかかわって、10代から20代の青春時代を失った、犠牲にしてしまったという思いが消えません。

10代の頃は、テレビ番組の話をする同級生たちの輪に入っていけず、遠巻きに眺めていました。20代の頃も、祖父母の病院への付添いや買い物の手伝いなど、祖父母のために多くの時間を使いました。

初めて介護にかかわると、介護との距離感がつかめず、目の前の親の介護に翻弄されがちです。

介護が始まるまでには絶対に想定できないような日々のやり取りが始まります。認知症の親の相手をしていると、一日に何度も同じ会話を繰り返すのにつき合ったり、食事を何度も要求されたり、昼夜逆転の生活につき合わされたり、身体的にも精神的にもきついことが多くなります。ときどき、介護を美化するようなテレビ番組を見かけますが、そんな生易しいものではないと経験者ゆえに断言できます。

私の母は、認知症の祖母の介護に24時間携わることで、身体的にも精神的にもむしばまれ、とうとう介護うつになってしまいました。40代を親の介護で犠牲にし、ようやく親を見送ったあとの50代のころは、介護が終わってもまだうつ状態が続きました。

そのころは介護うつという言葉が一般的になる前だったので、私は母の精神状態の理解に苦しみました。

すごい被害妄想で私や家族を責め立てました。とても一緒に生活できる状態ではありませんでした。

そして、58歳で母自身が脳梗塞で倒れるまで、母自身も精神のコントロールきかず、苦しんだことに気づいたのは数年前です。

きっと他のきょうだいたちから介護で援助を受けることができず、我が家で一手に引き受けたため、もっとも負担の重かった母は、人生を犠牲にしたことに対するやるせなさを感じていたのだと思います。

この本の読者の方には、このように親の介護で人生を犠牲にしたと後悔することのないように、介護と関わって頂けたらと思います。

6　親の介護につきまとう罪悪感から解放される方法

親の介護には罪悪感がつきものです。

私の場合、介護保険サービスを利用しているので、母をこの手で介護できていないという ことで負い目を感じて自分を責め続け、うつ状態を長引かせてしまいました。

どうしても、自らの手で介護していないと親孝行できていないと感じてしまうんですよね。

親が介護サービスについて不満をいうことも。そんなときには、親の満足のいく介護ができていないと、自分を責めたりしないで、介護サービスを受けるための書類にサインしてあげたことだけで、親孝行だと自分をほめてあげてください。世の中には、サインをしてくれる人がいなくて、施設に入れない人もいるのですから。

7　介護破滅を導く満点思考から解放されよう

私が親の介護でおすすめしたいのは、満点思考をやめることです。

介護で満点思考を始めると、いずれ介護破滅を導いてしまいます。他人に任せるとどうしても細かいことが気になる、姑思考の人に出会うことがあります。

数年前にある60代の男性から聞いた話です。

彼の妻は若いころから持病があり、50代から介護保険サービスを利用しています。それで彼が仕事に出ているあいだ、外出を好まない妻のためにホームヘルプサービスを利用していました。

でも、妻が気に入らないときなど、部屋の中の道具の使い方が彼の家のやり方と違うという理由でヘルパーに不満を持ってしまう。そして数か月ごとにヘルパーを変えたり、事業者を変えたりする。その手続きのために、仕事を休まないといけない。

でもどうしても、仕事をしている日中に、歩くこともままならない妻の食事の世話や排せつの手伝いをしてもらう必要がある。妻にピッタリのヘルパーがいればいいのだが、と半ばあきらめた風に語っていました。

彼のように、他人のやり方が気になり、自分たちの思い通りの介護を求める満点思考だと、そのうち介護を他人に頼めなくなって、自分で抱え込む危険があります。

また、せっかく入所できた施設を、介護の質が特に悪いわけではないのに、親の気に入ったようにしてくれないと退所してしまう人もいます。

自分たちが考える満点の介護を求めると、何でも自分たちでやらなければならなくなります。こうなると、仕事どころではないですよね。

介護保険サービスは他人に介護を手伝ってもらうのですから、他人に満点を求めない。気楽に構えることで、長丁場の介護を乗り切ることができます。

第3章

介護保険制度を徹底的に活用しよう
（チャートで考える介護の選択）

1　日本の介護保険制度は十分あなたをサポートしてくれる

ときどき介護保険制度は介護される人は守ってくれるが、介護する家族のサポートはないと批判する人がいます。でもそれは本当でしょうか。

私は約30年前、介護保険制度が始まる前に、家族だけで認知症の祖母の24時間の介護を経験しました。

そのときは、家族が介護するのは当たり前。誰かにサポートを頼みたくても、簡単にはサポートを頼むことはできませんでした。

高齢者施設も数が限られていたし、家族がいる人は基本的には入所できませんでした。祖母の介護をしていた母がだんだん精神的におかしくなり、私たちは母の相手をせざるを得ず、ときどき家族だけでは祖母の介護できないときも。そんな時は、全額自費で家政婦を頼まざるを得ませんでした。

どれだけ経済的負担が重いか考えてみてください。

それを考えたら、今は1割から3割の負担で、介護保険サービスが使えるんです。しかも、昔の家政婦と違って、きちんと介護の知識や経験がある介護士さんやヘルパーさんが介護してくれるんですよ。

日本の介護保険制度は、親の介護をするあなたを十分サポートしてくれるはずです。

でも、使いこなすには、情報が必要ですよね。


そこで、まず介護保険制度について知っておきましょう。

ここは制度や手続きについて、皆さんの将来の資料になればいいなと思い、かなり細かく書いています。もし読むのが苦痛だったら飛ばしてＯＫ。

私のYouTubeチャンネル「人生の達人」で介護関係のアニメをアップしておいたので、そちらを見るのでも十分対応できます。１本３〜５分程度です。

私がはじめて介護保険の申請をしたときには、こんなに詳しくは知りませんでした。

もし皆さんが親の介護を始めたときに、必要なところだけをかいつまんで読んでください。

(1) 介護保険制度とは

介護保険はどのような制度で、どういったしくみになっているのでしょうか。

介護保険制度は、平成12年（２０００年）４月から始まりました。

少子化・核家族化などが進み、家族だけで介護を支えることは困難な状況です。そこで、介護を社会全体で支えるために介護保険制度が創設されました。市区町村（保険者といいます）が制度を運営しています。

私たちは、40歳から介護保険に加入し、保険料を支払います。

介護サービスの利用者が1割〜3割を負担し、残り7割〜9割を公費と保険料で半分ずつ負担します。

65歳以上の第1号被保険者は要介護となった原因を問わずサービスを利用できます。しかし、40歳〜64歳までの第2号被保険者は特定疾病（関節リウマチや認知症などの16種類）が原因の場合のみ、介護保険のサービスを利用できます。

（2）介護保険の要介護認定の申請方法

介護保険サービスを利用するには、要介護・要支援状態にあるという要介護認定を受ける必要があります。

要介護認定の申請は市区町村の窓口、地域包括支援センター、病院の医療福祉相談室などで行えます。

市区町村の介護保険の担当窓口では、要介護認定の申請受付や書類作成支援を行っています。

また、地域包括支援センターやケアマネジャーの事業所一覧などの情報提供を受けることができます。

（3）介護保険を申請する場合の注意点2つ

1　介護保険申請の前提条件

介護保険を利用する人の住所地で介護サービスを受けることが前提となります。

そのため、介護サービスを利用するにはその市区町村に住民票があることが前提となります。

ときどき、親の住民票を移動させずに、子どもが親を介護のため呼び寄せることがあります。

その場合、例えば住宅改修など利用したい介護保険サービスが利用できないことがあります。また、市区町村独自の配食サービスやおむつ助成サービスなども利用できません。

介護保険申請の前に、介護保険サービスを利用する人の住民票がどこにあるのか確認しておきましょう。

2 介護保険を申請しても利用できない場合がある

①介護保険は年齢によりサービスを利用できるか異なる

65歳以上の第1号被保険者は要介護となった原因を問わずサービスを利用できます。

しかし、40～64歳までの第2号被保険者は特定疾病が原因の場合のみ、介護保険のサービスを利用できます。

（特定疾病）16疾病

・がん（がん末期）　・関節リウマチ　・筋萎縮性側索硬化症
・後縦靱帯骨化症　・骨折を伴う骨粗鬆症　・初老期における認知症
・進行性核上性麻痺、大脳皮質基底核変性症及びパーキンソン病（パーキンソン病関連疾患）
・脊髄小脳変性症　・脊柱管狭窄症　・早老症
・多系統萎縮症　・糖尿病性神経障害、糖尿病性腎症及び糖尿病性網膜症
・脳血管疾患　・閉塞性動脈硬化症　・慢性閉塞性肺疾患
・両側の膝関節又は股関節に著しい変形を伴う変形性関節症

② 要介護認定等基準時間が25分未満

要介護認定等基準時間は、その人の「能力」、「介助の方法」、「（障害や現象の）有無」から統計データに基づき推計された介護に要する時間（介護の手間）を「分」という単位で表示したものです。

要介護認定等基準時間が25分未満の場合、非該当と認定されます。非該当の場合、介護保険サービスは利用できません。

（4）介護保険申請からサービス利用までの流れ

① 要介護・要支援認定の申請

市区町村の介護保険窓口に要介護・要支援認定の申請をします。地域包括支援センターや居宅介護支援事業者（ケアマネジャー）などに代行してもらうこともできます。

申請には申請書の他に、介護保険被保険者証（第2号被保険者は健康保険証）、主治医の連絡先が分かるものが必要です。

②要介護認定調査

申請が終わると、認定調査員が自宅や入院中であれば病室を訪問し、本人の心身状況や日常生活の状態、住まいの環境などを調査します。

③要介護認定通知書

要介護認定の結果は、要支援1〜要介護5の7段階で通知されます。

④ケアプランの作成

要介護認定の結果がでたら、ケアマネジャーと相談してケアプランを作成します。

⑤介護サービスの利用開始

ケアプランに基づいて、介護事業者と契約し、介護サービスの利用が開始します。

介護保険サービスを利用する手順

要介護・要支援認定の申請をする
↓
要介護認定調査を受ける
↓
要介護認定通知が届く　※申請から原則30日以内
↓
ケアマネジャーとケアプランを作成
↓
介護事業者と契約して介護保険サービス利用開始

（5）要介護度と状態の目安

要介護度と状態の目安は以下のとおりです。

※要介護認定等基準時間は、その人の「能力」、「介助の方法」、「（障害や現象の）有無」から統計データに基づき推計された介護に要する時間（介護の手間）を「分」という単位で表示したものです。

要介護度	要介護認定等基準時間	状態のめやす
要支援1	25分以上32分未満	身の回りのことや日常生活は基本的に自分でできるが、要介護状態を予防するために一部支援が必要。
要支援2	32分以上50分未満	立ち上がりや歩行が不安定で、要介護状態を軽減し、悪化を防止するために日常生活の一部に支援が必要。
要介護1		立ち上がりや歩行が不安定で、排せつ、入浴などに一部、介助が必要。ひとりで外出するのが難しい。問題行動や理解低下がみられることがある。
要介護2	50分以上70分未満	立ち上がりや歩行などが自力で困難なことが多く、起き上がりが困難。排せつや入浴などに介助が必要。問題行動や理解低下がみられることがある。
要介護3	70分以上90分未満	起き上がりや寝返りが自分でできないことも多く、日常生活全般に介護が必要。特養への入所が可能となる。いくつかの問題行動や全般的な理解の低下がみられることがある。

要介護4	90分以上110分未満	寝たきりではないが、自分でできないことがさらに増え、介護なしに日常生活を送るのが難しい。多くの問題行動や全般的な理解の低下がみられることがある。
要介護5	110分以上	ほぼ終日、ベッドで寝たり起きたりの状態。日常生活全般にわたり、全面的に介護が必要。多くの問題行動や全般的な理解の低下がみられることがある。

1　要介護度（要支援・要介護）で大きく異なる点

認定結果は大きく、「要支援認定」と「要介護認定」に分かれます。

要支援認定を受けた場合は、施設サービス（介護保険施設で暮らしてサービスを受ける）を利用できません。

要介護認定を受けた場合は、施設サービスを利用できます。

ただし、介護老人福祉施設（特別養護老人ホーム）については、原則要介護3以上でなければ利用できません。

2　要支援で利用できる介護保険サービス

① 要支援認定

要支援認定とは、介護までは必要ではないが、いずれ要介護になる可能性が高い状態であるとの判断結果です。

そこで、要介護にならないように、介護予防サービスが利用できます。

ケアプランは地域包括支援センターが作成します。

介護予防サービスでは、居宅サービス（在宅で利用するサービス）と市区町村が提供する地域密着型サービスがあります。

② 要支援認定で利用できる介護保険サービス一覧

要支援認定で利用できるサービスを一覧にまとめました。

A 居宅サービス

ア．自宅に訪問してもらう介護保険サービス

介護予防訪問介護（ホームヘルプ）	ヘルパーが訪問し本人のための掃除・買物・調理・洗濯等の家事や、排せつ・入浴・食事などの介護を行う。
介護予防訪問入浴介護	自宅浴室での入浴が困難になった人に、介護士と看護師が移動入浴車などで訪問し、浴槽を提供し入浴介助を行う。

介護予防訪問看護	医師の指示を受け看護師が訪問し、医療的処置や病状観察、療養上の身体ケア、相談支援を行う。
介護予防訪問リハビリテーション	医師の指示を受けリハビリ専門職（理学療法士・作業療法士・言語聴覚士）が訪問し、心身機能の維持・向上のためのリハビリを行う。
介護予防居宅療養管理指導	通院が困難な人に対して医師、歯科医師、薬剤師、管理栄養士、歯科衛生士等が訪問し、療養に必要な管理・指導を行う。

イ．自宅から通う介護保険サービス

介護予防通所リハビリテーション	介護老人保健施設や病院・診療所に日帰りで通い、食事、入浴、排せつなどの生活上の介護とリハビリを行う。

ウ．短期間施設に泊まる介護保険サービス

介護予防短期入所生活介護	介護老人福祉施設（特養）等の施設に短期間入所して、食事、入浴、排せつなどの生活上の介護を行う。

介護予防短期入所療養介護	介護老人保健施設等の施設に短期間入所して、医療やリハビリと生活上の介護を行う。

エ．老人ホームなどで受ける介護保険サービス

介護予防特定施設入居者生活介護	自宅ではなく、保険指定を受けた有料老人ホームなどで介護計画に基づき、食事、入浴、排せつなどの生活上の介護を行う。介護保険サービス利用費のほかに居住費や食費などが必要。

オ．環境を整えるための介護保険サービス

介護予防福祉用具貸与	特殊寝台や車いすなど、福祉用具を貸し出す。
介護予防福祉用具購入	簡易トイレや入浴用いす等の福祉用具を購入した場合、年間10万円を上限に利用者負担分を除いた金額を支給。指定を受けた事業所から購入する必要あり。

介護予防住宅改修	手すりの取り付けや段差解消などの小規模な住宅改修を行った場合、20万円を上限に利用者負担分を除いた金額を支給。事前申請が必要。

B　地域密着型サービス（市区町村が指定した事業者による介護保険サービス）

※市区町村によりサービス内容が異なります。

介護予防小規模多機能型居宅介護	月額包括報酬。事業所への「通い」、自宅への「訪問」、事業所への「宿泊」を柔軟に組み合わせることが可能。
介護予防認知症対応型通所介護	認知症の診断がある人のみ利用可。定員が最大12名なので、少人数で個別介護が可能。
介護予防認知症対応型共同生活介護	認知症の人が1ユニット9名までの少人数で共同生活をしながら、地域の住民との交流等により、認知症の症状緩和を図る。

３　要介護で利用できる介護保険サービス

①要介護認定

要介護認定とは、介護が必要であるという判断結果です。

居宅サービス、施設サービス、地域密着型サービスの全てが利用可能です。

ケアプランはケアマネジャーが作成します。

②要介護認定で利用できる介護保険サービス一覧

要介護認定で利用できる介護保険サービスを一覧にしました。

Ａ　居宅サービス

ア．自宅に訪問してもらう介護保険サービス

訪問介護（ホームヘルプ）	ヘルパーが訪問し本人のための掃除・買物・調理・洗濯等の生活援助や、排せつ・入浴・食事などの身体介護を行う。
訪問入浴介護	自宅浴室での入浴が困難になった人に、介護士と看護師が移動入浴車などで訪問し、浴槽を提供し入浴介助を行う。

訪問看護	医師の指示を受け看護師が訪問し、医療的処置や病状観察、療養上の身体ケア、相談支援を行う。
訪問リハビリテーション	医師の指示を受けリハビリ専門職（理学療法士・作業療法士・言語聴覚士）が訪問し、心身機能の維持・向上のためのリハビリを行う。
居宅療養管理指導	通院が困難な人に対して医師、歯科医師、薬剤師、管理栄養士、歯科衛生士等が訪問し、療養に必要な管理・指導を行う。

イ．自宅から通う介護保険サービス

通所介護（デイサービス）	日帰りで施設に通い、食事、入浴、排せつなど生活上の介護や機能訓練を行う。
通所リハビリテーション（デイケア）	介護老人保健施設や病院・診療所に日帰りで通い、食事、入浴、排せつなどの生活上の介護とリハビリを行う。

ウ．短期間施設に泊まる介護保険サービス

短期入所生活介護（ショートステイ）	介護老人福祉施設（特養）等の施設に短期間入所して、食事、入浴、排せつなどの生活上の介護を行う。
短期入所療養介護（医療型ショートステイ）	介護老人保健施設等の施設に短期間入所して、医療やリハビリと生活上の介護を行う。

エ．有料老人ホームなどで受ける介護保険サービス

特定施設入居者生活介護	自宅ではなく、保険指定を受けた有料老人ホームなどで介護計画に基づき、食事、入浴、排せつなどの生活上の介護を行う。介護保険サービス利用費のほかに居住費や食費などが必要。

オ．環境を整えるための介護保険サービス

福祉用具貸与	特殊寝台や車いすなど福祉用具を貸し出す。
特定福祉用具購入	簡易トイレや入浴用いす等の福祉用具を購入した場合、年間10万円を上限に利用者負担分を除いた金額を支給。指定を受けた事業所から購入する必要あり。

住宅改修	手すりの取り付けや段差解消などの小規模な住宅改修を行った場合、20万円を上限に利用者負担分を除いた金額を支給。 事前申請が必要。

B　施設サービス（介護保険施設に入所する介護保険サービス）

介護老人福祉施設 （特別養護老人ホーム）	原則要介護3以上で常に介護を必要とする人が入所する施設。
介護老人保健施設（老健）	病状が安定している人がリハビリに重点をおき一定期間入所する施設。
介護療養型医療施設 ※2017年度末に廃止 （2024年3月まで 介護医療院への移行期間）	病状が安定しているが長期的に療養が必要な人が入所する施設。

介護医療院 ※2018年4月より創設	長期的な医療と介護のニーズを併せ持つ高齢者が対象。日常的な医学管理や看取りやターミナルケア等の医療機能と、生活施設としての機能とを兼ね備えた施設。

C　地域密着型サービス（市区町村が指定した事業者による介護保険サービス）

※市区町村によりサービス内容が異なります。

ア．自宅に訪問してもらう介護保険サービス

定期巡回・随時対応型訪問介護看護	1日複数回の訪問が可能で、24時間365日緊急コールに対応。
夜間対応型訪問介護	基本的なサービス時間が18時から翌朝8時まで。自宅で急に具合が悪くなったとき等にコールボタンを押すと、すぐにオペレーターが対応。

イ．自宅から通う介護保険サービス

認知症対応型通所介護	認知症の診断がある人のみ利用可。定員が最大12名なので、少人数で個別介護が可能。

地域密着型通所介護	定員が18名以下の小規模なデイサービス。

ウ．グループホームでの介護保険サービス

認知症対応型共同生活介護（高齢者グループホーム）	認知症の人が1ユニット9名までの少人数で共同生活をしながら、地域の住民と交流等により、認知症の症状緩和を図る。

エ．訪問・通い・泊りが組み合わさった介護保険サービス

小規模多機能型居宅介護	月額包括報酬。事業所への「通い」、自宅への「訪問」、事業所への「宿泊」を柔軟に組み合わせることが可能。

オ．定員29人以下の小規模な有料老人ホームに入所して受ける介護保険サービス

地域密着型 特定施設入居者生活介護	定員29人以下の小規模で運営される介護付有料老人ホーム等。
地域密着型介護老人福祉施設	定員29人以下の小規模で運営される特別養護老人ホーム

2　使える時間別介護保険サービス利用チャート

子どもが親の介護にかかわるときに、どのくらい時間がとれるかで選択肢が変わります。そこで、ざっくりしたイメージなのですが、使える時間から介護サービスを選べるようにチャートを作ってみました。

近所で思ったような介護保険サービスを提供している事業者がない場合もあります。親が社交的でなく、通所介護が使えないという事もありえます。

そこで、あくまで目安ですが、ケアマネジャーと相談するときの材料として、知っておくといいと思います。

(1) 親と同居している場合で在宅介護

A　介護にかかわる時間がある場合

例　仕事　平日9～17時　残業なし　できるだけ自分で介護したい

主に平日昼間だけ介護保険サービスを利用し、土日は子どもが介護する

①訪問介護（ホームヘルプ）

同居の場合でも、子どもは日中仕事に出て、親は家で一人で過ごすことになります。

この場合、仕事をしている日中だけ家に介護に来てもらう、訪問介護（ホームヘルプ）を利用する方法があります。

以前60代の知り合いの男性は、介護が必要な母親のために、日中訪問介護を使っていました。

足腰が弱り、食事の準備がままならない母親に昼食をとってもらうためです。

日中、親に一人で過ごしてもらうことに不安があるときに、ときどき様子を見に来てもらうためにも使えますよね。

ただ、ホームヘルパーに「それは、介護保険ではできません」と言われることがあります。

そこで、どんなことをしてもらえるのか、知っておきましょう。

親の訪問介護ではどのようなことをしてもらえるのでしょうか。

訪問介護は、訪問介護員（ホームヘルパー）が利用者の自宅を訪問し、食事・排泄・入浴などの介護（身体介護）と、掃除・洗濯・買い物・調理などの生活の支援（生活援助）をするものです。

ただ、同居家族がいる場合は、介護保険サービスでは「生活援助」を原則として利用することができません。掃除や洗濯などの家事は家族ができるだろうという前提に立っているからです。

しかし、最近は仕事などで日中家事ができない場合に、申請することで生活援助を利用できる可能性があります。ケアマネジャーに相談することをおススメします。

では、訪問介護でしてもらえないことはどんなことでしょうか。

ホームヘルパーはお手伝いさんではありません。そこで、利用者の家族のための家事など直接利用者の援助に該当しないサービスや、草むしりやペットの世話など、日常生活の援助の範囲を超えるサービスはしてもらえません。


（訪問介護でしてもらえないこと）
・ペットの世話　・同居家族の食事の用意
・本人以外の部屋の掃除　・金銭の管理
・趣味や嗜好品などの日常生活でなくても支障がないものの買い物

・庭の草むしりや掃除　・話し相手
・大掃除や模様替え　・外食や旅行の付き添い
・留守番　など

ときどき、ホームヘルパーが融通が利かないと愚痴を言う人がいますが、それは、介護保険サービスとしてどんなことをしてもらえるか、きちんと理解していないことからきていると思われます。どのようなことをしてもらえるのか、きちんと理解しておくことで、ホームヘルパーに対する不満を持たなくて済むのではないでしょうか。

②デイサービスとデイケア

自分が仕事に出かけている日中に、親を一人で家に置いておくことが不安な場合には、デイサービスやデイケアを利用することができます。

親を在宅介護していると、入浴介助など、子どもには難しいこともあります。

親の在宅介護では、介護者である子どもにさまざまな負担が生じます。

親の在宅介護での入浴介助では、子どもが足腰を痛める可能性もあります。子どもが足腰を痛めると、親の在宅介護は難しくなってしまいます。

そこで、施設に通うサービスを利用し、施設内でプロの介助のもと、親は入浴できるので安心です。

Ⓐ通所介護（デイサービス）

デイサービスは、介護保険サービスで通所介護と呼ばれています。

デイサービスを利用する場合、朝8時半ごろ送迎車で迎えに来てもらい、夕方5時過ぎに送ってもらうことが多いようです。

利用者は、日中の一定時間施設に通い、食事や入浴、機能訓練などの介護サービスを受けます。

外出するので、親自身の気晴らしになると同時に、在宅介護をする家族の負担を軽減することができます。

Ⓑ通所リハビリテーション（デイケア）

デイケアは、介護保険サービスでは、通所リハビリテーションと呼ばれます。

デイケアを利用する場合も、朝8時半ごろ送迎車で迎えに来てもらい、夕方5時過ぎに送ってもらうことが多いようです。

デイケアでは、リハビリテーションに重点を置いたサービスです。機能の回復に重点が置かれたサービスを受けます。しかし、デイケアで食事や入浴などのサービスも受けることができます。

あくまでもリハビリテーションが主目的ではありますが、一通りの生活介護サービスをうけることができます。

デイサービス同様、外出するので、親自身の気晴らしになると同時に、在宅介護をする家族の負担を軽減することができます。

そして、日中仕事で外出していて、親の介護ができない子どもにとって、親を見守ってくれる人がいるというのは安心できます。

③小規模多機能型居宅介護

親を介護するようになったときに、親が住み慣れた地域で生活を続けたいということはよくあることです。そのときに利用できるのが小規模多機能ホームです。

ア．小規模多機能ホームとは

小規模多機能ホームとは、介護が必要となった高齢者が、心身の状態や生活での必要に応じて、通いサービスを中心に、宿泊、訪問の３つの介護保険サービスを組合わせて利用できるものです。

小規模多機能ホームが創設されたのは、要介護者が住み慣れた家や地域で生活を継続できることが目的です。

「ホーム」とついているので、施設介護だと誤解されますが、小規模多機能ホームは、介護保険では、小規模多機能型居宅介護という居宅サービスです。居宅サービスということは、在宅介護ということです。

原則として、介護が必要な親の、現住所と同一市区町村の小規模多機能ホームのみ利用できます。

イ．小規模多機能ホームを利用するメリット

一つの事業所で、利用者が選択して、施設への「通い」を中心として、短期間の「宿泊」、利用者の自宅への「訪問」を組合せることができます。

1事業所あたり、登録できる利用者は29人以下と少人数登録制のため、介護を

受ける親は、家庭的な雰囲気の中で、顔なじみの職員からケアを受けることができます。

利用料は要介護度ごとに定額です。多く利用しても利用料が膨れ上がることがないので、安心です。

ウ．小規模多機能ホームを利用するデメリット

小規模多機能ホームでは、通い、訪問、宿泊が一か所で提供されるので、他の事業者の訪問介護、通所介護、通所リハビリテーション、ショートステイを利用できません。

ケアマネジャーは小規模多機能ホームの担当者です。ケアマネジャーと親が合わなくても変更できません。

利用料は、要介護度別の定額です。しかし、事業者が料金に見合うだけのサービスを提供していない場合もあります。また、親があまり小規模多機能ホームのサービスを利用しなくても一定の料金を支払う必要があります。

エ．小規模多機能ホームを利用する注意点

親の介護で小規模多機能ホームを利用するときの注意点は、どんなことがあるのでしょうか。

事業者によっては、人手不足や経験不足の職員しかいないため、料金に見合うだけのサービスを提供できていないところもあります。そこで、契約時に、実際にどの程度のサービスを受けられるのか、きちんと確認しましょう。

事前の確認だけでは分からないこともありますので、実際に親が利用するようになってからも、親の話をきいたり、見学して、確認しましょう。

料金に見合うだけのサービスを提供していないと判断した場合には、他の事業者を探す必要があるかもしれません。

契約したものの、親があまり小規模多機能ホームのサービスを利用せず、料金の払い損ということもありえます。契約後の親の利用頻度なども確認しましょう。

④ショートステイ

ショートステイは、介護保険サービスでは、短期入所生活介護・短期入所療養介護と呼ばれます。

親の在宅介護をしていると、介護する側の子どもの体調不良や、急な用事で家を空けるなどの理由で、一時的に介護ができなくなることがあります。そんなときに、利用できるのがショートステイです。要介護の高齢者が、数日～数週間くらいの短期で施設に入所できます。

ア．短期入所生活介護と短期入所療養介護の違い

短期入所生活介護は、食事や入浴、排泄といった生活介護とリハビリテーション（機能訓練）が受けられるサービスです。宿泊できるデイサービスのようなものといえます。

介護職員のほかにも、機能訓練指導員が配置されているため、機能訓練やレクリエーションなどを受けられます。

短期入所療養介護は、リハビリテーションや医療ケアなどの医療サービスを受けられるショートステイです。食事や入浴、排泄など生活介護サービスもあります。

介護職員はもちろん、看護師や医師、リハビリテーションを行う理学療法士や作業療法士などが配置されており、医療ケアを受けることができます。

イ．ショートステイを利用できる人

65歳以上で、要介護1～5の認定を受けた人、40～64歳で特定疾病により要介護と判断された人が利用できます。

ウ．ショートステイを利用するためには

4日以上連続して利用する場合、ケアマネジャーが作成したケアプランが必要となります。しかし、親を在宅介護しているときに子どもが、冠婚葬祭などの急用で家を空けなければならないときや、介護者である子どもの体調が悪いときなど、4日未満の利用であれば、ケアプランがなくてもショートステイを利用できます。

近所でショートステイできる施設があるかなど、詳しくはケアマネジャーに相談してみることをおススメします。

B

介護にかかわる時間がとれない場合

例　仕事　残業有　帰宅遅い　土日祝日も仕事有　休日不定期

※できるだけ24時間介護保険サービスを使う

①定期巡回・随時対応型訪問介護看護

ア．定期巡回・随時対応型訪問介護看護とは
仕事で長時間家をあけるときに、在宅で親の介護をする方法として、介護保険での定期巡回・随時対応型訪問介護看護を利用する方法があります。

定期巡回・随時対応型訪問介護看護とは、24時間体制で、訪問介護と訪問看護を一体的に、定期巡回と随時の対応を行ってくれるものです。

利用料金は、要介護度に応じて、定額なので、追加の費用を心配する必要がありません。

24時間体制で対応してもらえるので、親に必要な時に駆けつけてもらえるので、安心できます。

イ．定期巡回・随時対応型訪問介護看護でしてもらえること
定期巡回・随時対応型訪問介護看護では、
A　定期巡回サービス　　B　随時対応サービス

C　随時訪問サービス　　　　　D　訪問看護サービス

を組合わせて在宅介護を受けることができます。

定期巡回・随時対応型訪問介護看護は、まだ始まっていない地域や事業所があるので、利用できるかを確認する必要があります。

詳しくはケアマネジャーに相談することをおススメします。

②小規模多機能型居宅介護

前述の通り、小規模多機能ホームでは、介護が必要となった高齢者が、心身の状態や生活での必要に応じて、通いサービスを中心に、宿泊、訪問の3つの介護保険サービスを組合わせて利用できます。

もし、残業で家に親を一人で置いておけないときには、宿泊をお願いすることも可能です。自分の仕事の都合に合わせて、親の介護プランを立てることができます。

③ 訪問介護＋夜間対応型訪問介護

親の介護で、日中は訪問介護で乗り切ったとしても、仕事で夜間いないときも。そんなとき、仕事でいない夜間に、排せつの介助をお願いしたり、様子を見に来てもらいたい場合に、夜間対応型訪問介護を利用する方法があります。

仕事が忙しく、夜ゆっくり休みたいときに、親の夜間の排せつの介助してもらうだけでも、体を休めることができますよね。

対応している事業所が地域にあるか、ケアマネジャーに確認することをおススメします。

チャート（1）親と【同居】で在宅介護

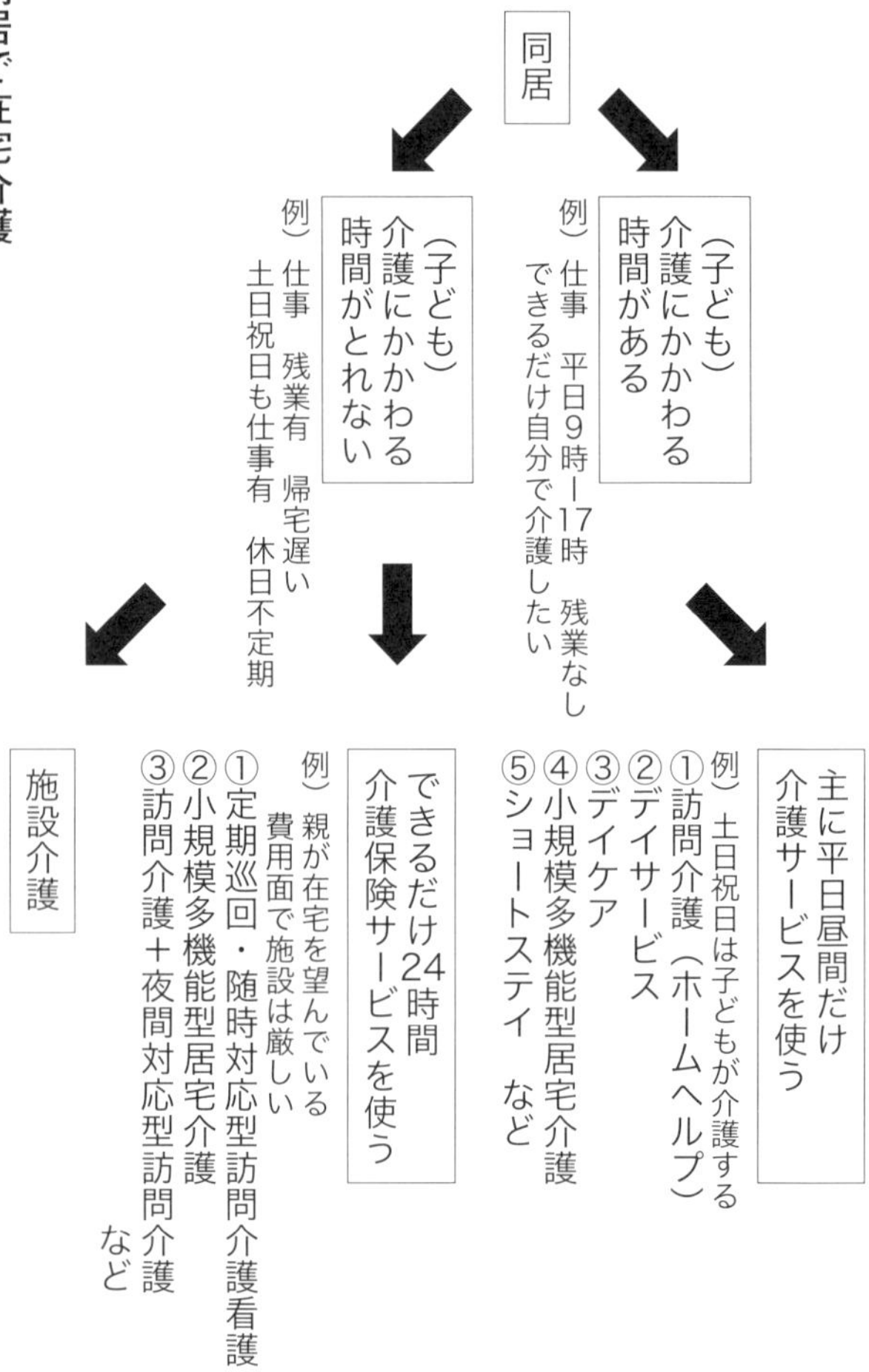

（2）親と別居で在宅介護

親と別居していても、在宅介護することは可能です。

そのためには、親に何ができて何ができないのか、きちんと把握することが重要です。家族と同居していないので、訪問介護で身体介護だけでなく生活援助も受けることができます。日常の買い物や食事の準備、掃除や洗濯などの援助を受けられるので、家で日常生活には困らないはずです。

もし、草むしりなど介護保険サービスでまかなえないことは、シルバー人材センターにお願いするなど介護保険外サービスを利用することで対処できます。

利用する介護保険サービスは、同居で在宅介護する場合と同様です。

ただ、これは同居で在宅介護するときにもいえることですが、親が認知症のときは、在宅介護が難しいときもあります。

私の父方の祖父のときには、食事の準備をしようとしてガスをつけたことを忘れてしまい、鍋を頻繁に焦がすことがありました。鍋くらいならいいのですが、最近は安全装置がついているとはいえ、ガスがもとで火災になるかもしれません。

また、私の母方の祖母のように、徘徊が始まると、行方を探す必要もあります。そうなると、親のことが心配で仕事どころではなくなってしまいます。

そこで、親が認知症のときに、仕事を続けるために、施設介護を利用することも検討しておきましょう。

チャート（2）親と【別居】で在宅介護

別居

（子ども）介護にかかわる時間がある

例）仕事　平日だけ
できるだけ自分で介護したい

↓

主に平日は24時間介護サービスを使う

例）土日祝日は子どもが介護する
①定期巡回・随時対応型訪問介護看護
②小規模多機能型居宅介護
③訪問介護＋夜間対応型訪問介護
④ショートステイ　など

（子ども）介護にかかわる時間がとれない

例）仕事　残業有　帰宅遅い
土日祝日も仕事有　休日不定期

↓

できるだけ24時間介護保険サービスを使う

例）親が在宅を望んでいる
費用面で施設は厳しい
①定期巡回・随時対応型訪問介護看護
②小規模多機能型居宅介護
③訪問介護＋夜間対応型訪問介護
など

↓

施設介護

（3）身体介護が必要で施設介護

A　費用を抑えたい場合

①特別養護老人ホーム（特養）

親の予算が少ないときにまず検討するのは、特別養護老人ホーム（特養）だといえます。

特別養護老人ホーム（特養）とは、介護老人福祉施設と呼ばれる公的施設です。入所の要件は、65歳以上で要介護３以上の認定を受け、常に介護が必要な状態で、自宅での介護が困難な人です。

費用は要介護５で10万円強くらいです。ただ費用が安く済む半面、入所待ちが多く、希望の地域で入所できるまでに時間がかかる可能性があります。

②ケアハウス

ケアハウスとは、軽費老人ホームC型とよばれる、社会福祉法に定められた福祉施設です。

ケアハウスは、介護保険制度の施設介護ではありません。

入所要件は、60歳以上で身体機能の低下がある人や、独立して生活するのが難しい人が対象です。夫婦の場合には、どちらかが60歳以上であれば入所可能です。ケアハウスの申込みは、利用者と施設との契約になります。そこで、希望する施設へ直接申し込みます。

費用は施設ごとで介護にかかる費用などに違いがあります。また、入所一時金として数年分を一括納付するところもありますので事前に確認が必要です。

※ 医療提供が必要な場合

③ 介護老人保健施設（老健）

ア．介護老人保健施設（老健）とは

介護老人保健施設とは、主に医療ケアやリハビリを必要とする要介護状態の高齢者（65歳以上）を受け入れる施設で、介護保険制度上の介護施設です。

食事や排泄の介助といった介護サービスが提供されます。ですが、主に自宅などに戻るためのリハビリが中心となります。

親が脳梗塞などで緊急入院後、急性期病院は原則2週間で退院することになります。その後、リハビリが必要な場合に、介護老人保健施設へ移動することもあります。

イ．特別養護老人ホームとの違い

介護老人福祉施設（特養）と比較すると、どちらも入居して介護サービスを受けることができる施設です。しかし、介護老人保健施設は在宅復帰を目指すための施設です。

そこで、3～6ヶ月程度の一定期間で退去することが前提になっています。

特別養護老人ホームの入所待ちの間、介護老人保健施設を利用する人もいます。

④介護療養型医療施設

介護療養型医療施設とは、比較的重度の要介護者に対し、充実した医療処置とリハビリを提供する施設です。

医療法人が運営する施設で、看護師の人員配置が他の施設より手厚く、医療処置に対応しています。食事や排泄の介助などの介護サービスは提供されるものの、あくまでも医療機関という位置付けです。

提供されるのは本来、急性疾患からの回復期にある寝たきり患者に対する医学的管理下のケアが中心です。そのため、特別養護老人ホームのように終身制ではありません。

2017年度末に廃止され、現在は6年間の介護医療院への移行期間です。

⑤介護医療院

介護医療院とは、長期的な医療と介護のニーズを併せ持つ、医療機能と生活施設としての機能とを兼ね備えた施設です。

要介護1~5までの人が利用できます。要介護者に対し、同一施設内で医療と介護を一体的に提供する点に特徴があります。

日常生活の身体介助や生活支援だけでなく、介護療養型医療施設で行われている「日常的な医学管理」「看取りやターミナルケア」といった、医療的ケアを行える施設です。

寝たきりや重度の介護が必要な人向けの施設です。

まだ移行期のため、近くに介護医療院がない場合があります。

B　予算に余裕がある場合

予算に余裕がある場合には、

⑥介護付有料老人ホーム

⑦サービス付高齢者向け賃貸住宅

⑥と⑦も選択肢になりえます。

特養の空きがない場合に一時的にサービス付高齢者向け賃貸住宅を利用する人もいます。

ただ、施設によりますが、入居一時金や毎月の利用料が高額になることがあります。

どちらも、介護保険制度上の介護施設ではありません。

チャート（3）【身体介護が必要】で施設介護

親　身体介護が必要

例）脳梗塞で寝たきり
転倒して骨折

費用を抑えたい

①特別養護老人ホーム
②ケアハウス
※医療提供必要
③介護老人保健施設
④介護療養型医療施設
⑤介護医療院

予算に余裕がある

①介護付有料老人ホーム
②サービス付き高齢者向け賃貸住宅
※介護保険制度上はサービス付き高齢者向け賃貸住宅は居宅介護に分類されます。

（4）認知症で施設介護

認知症で施設介護をするときも、身体介護で施設介護をするときと同様です。
ただ、認知症の場合、対応していない施設もありますので、事前に確認が必要です。
認知症の場合、地域密着型サービスのグループホームの選択も可能です。

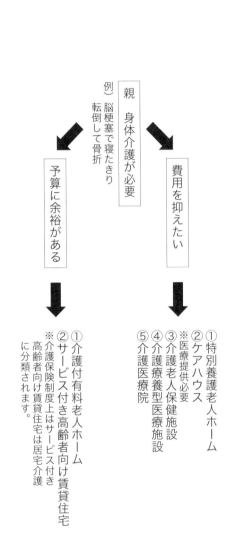

認知症の親を介護していると、徘徊などで心配することが多くなります。しかし、仕事をしていると24時間付き添えないですよね。そのようなときに利用したいのが、認知症対応型共同生活介護（グループホーム）です。

・グループホームとは

グループホームは地域密着型サービスの一つで、認知症高齢者を対象に少人数で共同生活をする施設です。

入居条件…グループホームに入居するには、65歳以上、要支援2または要介護1以上の認知症患者である必要があります。また、地域密着型サービスであることから、施設と同一地域内の住居と住民票があることが条件となります。

費用相場…入居の際にかかる費用は、入居一時金と、保証金などと呼ばれる初期費用がかかります。その他に月額利用料や食費などがかかります。

どのような介護を受けられるか…グループホームは認知症高齢者を対象とした施設なの

で、認知症ケア専門のスタッフが常駐していて適切な対処をしてくれます。
また、入居者が少人数で、食堂や浴室など共同スペースもあります。
予算や親の状態に応じて施設を選ぶことになります。

チャート（4）【認知症】で施設介護

親　認知症

例）認知症で徘徊有

費用を抑えたい

①特別養護老人ホーム
②ケアハウス（軽度認知症）
※医療提供必要
③介護老人保健施設
④介護療養型医療施設
⑤介護医療院

予算に余裕がある

①介護付有料老人ホーム
②サービス付き高齢者向け賃貸住宅
③グループホーム
※介護保険制度上はサービス付き高齢者向け賃貸住宅・グループホームは居宅介護に分類されます。

3　仕事を優先したかったら施設介護を選択するのも親孝行

もしあなたが仕事を優先したかったら、親の介護では施設介護を選択することも親孝行だと言えます。

仕事が忙しいと、在宅だと親の介護を満足にしてあげることができないかもしれません。親によりよい介護を受けてもらうためにも施設介護を選ぶことも親孝行です。

そして何より、介護で疲れると仕事もうまくいかなくなり、身体的にも精神的にもあなた自身がダメージを受けてしまいます。そうなると親の介護どころではないですよね。

あなたが仕事を優先したい理由は、キャリアを積みたいという自己実現のため、生活費を稼ぐという経済的な目的のため、いろいろなことがあるでしょう。

是非、それを優先してください。そのために施設介護を選択する。それが結果的にあなたのためにも、親のためにもなります。

4　親の介護であなたを助けてくれる人

親の介護であなたを助けてくれる人は誰でしょうか。

ここで、先程ダウンロードした「3．介護サポート確認シート」で親の介護で助けてくれそうな人を確認しておきましょう。

確認して、事前に相談できる人には連絡を取っておきましょう。

①公的機関

地域包括支援センターや市区町村の高齢者支援窓口など、公的機関を確認しておきましょう。最終的な決断は、子どもであるあなたがしなければなりませんが、介護に役立つ情報をもらったり、相談することができます。

②家族（配偶者・子ども）

一緒に暮らしている妻や夫、そして子どもの協力を得られると、心強いですよね。

③兄弟姉妹

兄弟姉妹はあてになりますか？

我が家では母方の祖母の介護で、兄弟姉妹の協力は得られず、母一人にかかる負担は大きいものでした。父方の祖父の介護では、父の姉妹たちは祖父が亡くなるよりも前に亡くなり、介護に携わってもらうわけにはいきませんでした。

一方、兄弟姉妹と仲が良く介護を分担できる幸運な人もいます。

④親戚（おじ・おば・いとこ等）
おじやおば、いとこたちはどうでしょうか。一人っ子で親戚づきあいをしていないと、親戚をあてにできない人もいるでしょう。

我が家では、母親側ではおじやおばはまったく介護に協力してくれず、我が家だけで介護したので負担が大きいものでした。ときどき、母のいとこたちが祖母の様子を見に来たり、話し相手になってくれたり、そんなことでも大変心強かったです。

⑤ご近所さん
隣近所のご近所さんはどうでしょうか。親がきちんとつき合いをしていると、介護が必要になったのちにも、親の様子をみにきてくれたり、話し相手になってくれたりします。

⑥介護保険サービス従事者（ケアマネジャー等）

ケアマネジャーなどとコミュニケーションは取れていますか。

祖父のグループホームを探してくれたり、ショートステイ先を紹介してくれたのはケアマネジャーでした。相談にのってもらったり、情報をもらうだけでも、介護では十分な助けになります。

⑦その他（勤務先、友人など）

その他には、勤務先、友人、親の主治医など。

親の介護では思っていたよりも、多くのサポートを必要とします。

書き出してみると、あなた一人で抱え込む必要はないことに気づくのではないでしょうか。

5 親を呼び寄せて介護するのはやめたほうがいいかもしれない

私が皆さんに経験からお伝えできることは、親を呼び寄せて介護するのはやめたほうがいいかもしれないということです。それはなぜかについて説明します。

(1) 家族が遠方に一人で暮らす親を呼び寄せて介護するきっかけ例

親の介護をどこで行うかは、介護者側の家族の事情に影響されます。そして、家族が遠方に一人で暮らす親を呼び寄せて介護する場合は、100人いれば100通りの理由が考えられます。そのうち一部をご紹介します。

①親にふさわしい施設がみつからない

高齢による衰弱などで、身体能力の衰えた場合に、子どもが親の一人暮らしを心配し、親の住む地域で親にとってふさわしい施設を探していたがみつからない場合があります。仕事の都合などで遠距離介護が難しい時に、親を呼び寄せて一時的に在宅介護する場合などです。

また、親の住む地域で親にふさわしい施設が見つからない場合に、子どもの住む地域近隣で有料老人ホームなどの施設をみつけ、親を呼び寄せる場合もあります。

②親が在宅を望んでいるが、一人暮らしには不安がある

親が軽度の認知症の場合に、例えば、料理をしていたことすら忘れ鍋を頻繁に

焦がすようになることがあります。すると、子どもは、ガスの止め忘れによる火災などをおそれ、親の一人暮らしに不安を覚えます。その場合に、親が施設への入居を望まず、在宅を希望した場合に、一時的に子どもが呼び寄せて在宅介護する場合がありえます。

③経済的に親の年金だけでは介護費用や今後の生活費をまかなえない

親が健在な時は、なんとかやりくりしていたものの、高齢になり医療費・介護費が負担になり、経済的に生活が成り立たなくなる場合があります。その場合に、子どもが親を呼び寄せて一緒に生活を始めることがありえます。

(2) 遠方に一人で暮らす親を呼び寄せて介護する家族の注意点3つ

注意点として、手続き、経済的な面、および人間関係について説明します。

①親の住民票を移していなかったため、サービスの一部が受けられない

親の住民票を移動しないまま、子どもの住所地へ転居する人がいます。

その場合、市区町村が指定する介護サービスが地域密着型サービスの場合は、原則として、住民票がないため利用できません。また、市区町村独自のサービス、

例えば、配食サービスやおむつ助成なども利用できません。

②経済的に苦しくても親が生活保護を受けられない可能性がある

親が経済的に自立できないので、家族が呼び寄せて介護する場合、親を呼び寄せたことにより家族も経済的に困窮する可能性が考えられます。その場合、親に生活保護を受けてもらおうとしても、生活保護が認められない可能性があります。

生活保護の申請は原則世帯ごとに審査されます。そこで、親と親を呼び寄せた家族を合わせて審査されます。

世帯全体の収入が最低生活費（居住地域、世帯人数、家族の年齢などをもとに、憲法25条で保障されている「健康で文化的な最低限度の生活」を営むために必要な金額を算出したもの）を下回っている場合に、生活保護費が支給されます。

親の年金だけでみると最低生活費を下回っていたとしても、親の年金と家族の収入を合わせて審査し最低生活費を上回った場合、親は生活保護を受けられない可能性があります。

③　親を呼び寄せて介護することにより家族の人間関係が変化する

親を在宅介護するため家族が呼び寄せた場合、家族間の人間関係が変化する可能性があります。

実際に我が家では、母が一人暮らしの祖母を心配して呼び寄せて介護を始めたことにより、夫婦関係が悪化し両親は離婚に至りました。

また、親を呼び寄せて介護を始めたことが原因かは分かりませんが、軽度認知症の祖母との同居を始めてから、中学生の息子が不登校になり、その後ひきこもりとなってしまった人もいます。

親を呼び寄せて介護する場合、家族間の人間関係の変化にも注意を払いたいものです。

6　遠距離介護は可能である

(1)　親を見守る3つの方法

もし実家が遠いとき、遠距離介護できるのか不安かもしれません。

でも、介護保険サービスに介護保険外のサービスをプラスすることで遠距離でも介護は可能だと思います。どうしても親と同居できない子どもが、遠距離介護する一人暮らしの親を毎日見守るにはどうしたらよいのでしょうか?

遠距離介護する子どもとしては、親が部屋で倒れていないかなど、心配は尽きないものです。

そこで、遠距離介護で子どもが一人暮らしの親を見守る3つの方法を説明します。

①食事の宅配サービス

A　一人暮らしの親が食事の準備が難しいときに利用できる

一人暮らしの親が在宅介護を受けているということは、心身の具合が悪い時です。

身体の具合が悪くなると、親自身で食事の用意が難しいことが多くなります。

そんなときに、食事の宅配サービスを利用するのは一つの方法です。

食事の宅配サービスの一番いい点は、配達は一人暮らしの親への手渡しが原則になっています。そのため、親の安否確認に役立ちます。

万が一、一人暮らしの親に何かあれば、家族などに通報してくれる事業者もあります。

B　食事の宅配サービスの事業者

食事の宅配サービスは、介護保険外サービスになります。そこで、いろいろな事業者が提供しています。

まず、市区町村が独自に行っている食事の宅配サービスです。助成金が出ているので、1食当たり数百円で利用できます。

次に、地域のボランティア団体が行っている食事の宅配サービスもあります。こちらも1食当たり数百円で利用できることが多いです。

近年では、民間企業も多く参入しています。こちらも1食当たり600円くらいから利用できます。

一人暮らしの親の住む地域で提供している食事の宅配サービスの情報を集めて、比較検討してみてはいかがでしょうか。

②見守りサービス

遠距離介護で一人暮らしの親を毎日見守る、見守りサービスを利用することもできます。

・市区町村で提供している緊急通報システム

最近は、ほとんどの市区町村で、呼び方はいろいろありますが、緊急通報システムというサービスを提供しています。内容や利用条件は市区町村ごとに異なります。

多くの場合、一人暮らしの高齢者にペンダント型の緊急ボタンを提供するものです。

具合が悪くなったときなどに、ボタンを押せば、警備会社の警備員などが駆けつけてくれます。

利用料は無料ということもあります。有料でも低額なことが多いです。

最近は、機器を提供する代わりに、行政から委託を受けた見守り支援員が、定期的に一人暮らしの高齢者の自宅を訪問して、安否確認してくれるサービスもあります。

③定期巡回・随時対応型訪問介護看護を利用する

前述したように、定期巡回・随時対応型訪問介護看護を利用することで、24時間切れ目なく在宅介護に対応できます。

（2）遠距離介護のメリット

遠距離介護にはメリットがあります。

①今まで通りの生活を維持できる

まず、親も子どもも、介護が始まる前の今まで通りの生活を継続できます。子どもにとっては、ときどき親の様子を見に行く必要があるので、親と子どもの二つの家を行ったり来たりして、落ち着かないかもしれません。しかし、だんだん慣れてきます。

②自分の生活のリズムを維持できる

次に、子どもにとって、仕事や子育てなど、自分の生活のリズムを維持できます。また、親とは離れて暮らしているので、親の嫌な面を見ずに済み、親への思いやりを維持できます。

③介護保険の介護サービスが使いやすい

そして、遠距離介護の一番のメリットは、親にとって介護保険の介護サービスが使いやすいことです。

遠距離介護ということは、親は一人暮らしの独居高齢者ということが多いので、施設の入居の優先順位があがることがあります。

また、家族と同居していると訪問介護では生活援助（掃除や食事の用意）を利用できませんが、遠距離介護では、同居している家族がいないので、生活援助も利用できます。

親を遠距離介護することは、メリットも多いのです。

(3) 遠距離介護のデメリット

親を遠距離介護することは、親の様子を常には確認できない不安があります。

遠距離介護のデメリットは何でしょう。

① 万が一のとき

普段は親の遠距離介護でも、それほど不安はないでしょう。

しかし、万が一のとき、親のそばに子どもがいないことから、すぐに対応できないので、不安があります。

また、訪問介護のホームヘルパーがきちんと対応してくれているかなどの、親の状況が把握しにくいといえます。

②交通費がかかる

親を遠距離介護すると、実家に帰省する交通費も必要となります。

子どもの住んでいる地域と親の家との距離が遠くなるほど、交通費がかさみます。

③親戚からいろいろ言われる

親を遠距離介護していると、昔の感覚で年配の親戚から、「いつまで親を一人にしとくんだ」など、まるで親不孝をしているように言われることがあります。

私も施設に母を入所させたばかりの頃、どうして帰ってきて親の面倒を看ないのかと非難されたことがあります。親戚には子どもの困っている状況が分からず、親と同居して子どもが在宅介護するのが当たり前という昔の感覚の人もいます。

（4）親を遠距離介護するときの注意点

①親を見守るサービスの利用

親を遠距離介護するとき、必ず万が一の時の不安が頭をよぎります。そこで、親を見守るためのサービスを利用しましょう。

A　食事の宅配サービス

前述の通り、是非利用したいのが、食事の宅配サービスです。

B　高齢者の見守りサービス

前述の通り、親を遠距離介護するときに利用したいのが、高齢者の見守りサービスです。

②交通費

親を遠距離介護すると、どうしても交通費が発生します。

A　交通費の負担を決める

遠距離介護の場合、交通費が1回につき数万円かかることがあります。子どもに経済的に余裕があるのならいいのですが、子どもは子育てや住宅ローンなどで経済的余裕がない場合も多いことでしょう。

そのときに、親の遠距離介護のための交通費の負担を、全額子どもが負担するとたいへんです。そこで、遠距離介護されている親と子ども、兄弟姉妹で話し合って、交通費の負担を誰がするのか決めておきましょう。

親も子どもにできるだけ負担をかけたくないと考えているものです。

そこで、遠距離介護されている親が負担する場合も多いものです。

B　交通費割引サービスを利用する

航空会社では、介護帰省割引のサービスを提供していることがあります。

もし、親の遠距離介護のために航空券を購入するときには、介護帰省割引がないか確認してみましょう。

介護帰省割引サービスを利用すると、3～4割引きで航空券を購入できる場合もあります。

③金銭の管理

親を遠距離介護していると、普段は親の身辺を見てあげることができませんよね。

そうした場合、ホームヘルプサービスを利用したり、訪問看護を利用したり、どうしても外部に委託して、親を見守らなければなりません。

他人が親の自宅を出入りしします。通常は大丈夫だと思うのですが、もし万が一、親の金銭や貴重品が紛失したりすると困りますよね。

我が家の場合は、母方の祖母のときに家政婦をお願いしたことがあります。

そのとき、祖母のはめていた指輪が何度かなくなりました。家政婦に聞いても、おばあちゃんがどこかへ置いたのではないかと、知らないと言います。

祖母に聞くと、家政婦に抜き取られたと言い張ります。でも証拠がない。それに祖母は、認知症。それ以上追求できず、うやむやになってしまいました。

これは私たちの完全なミス。家政婦にお願いするときには、指輪は祖母から預かっておけばよかったのです。

たとえ親がどこかに置き忘れたとしても、ヘルパーや看護師を疑うことになりかねません。そうなると、ヘルパーや看護師、そして警察などに迷惑をかけることにも。

そうならないために、親の金銭や貴重品の管理は、子どもがしっかりしてあげる必要があるのではないでしょうか。

④親戚とのつきあい

親を遠距離介護していると、外野の親戚からとやかく言われることがあります。

「昔は長男が帰ってきて親の面倒をみたものなのに、おまえは冷たい」など、子どもの状況を考えることなく、一方的に言われたりもします。そんなときは、ケンカ腰にならず、やんわりとやり過ごしましょう。

親を遠距離介護していると、親戚に頼らざるを得ないことも出てきます。そんなときのことも考えて、帰省したときには手土産を持って、挨拶に行っておくのも一つの方法です。

ただ認知症で徘徊が始まったりしたときには、在宅での遠距離介護は難しいかもしれません。そのときは、施設を探す覚悟が必要です。

第4章

親の希望はすべてかなえられない

1　子どもは親のためにすべてを犠牲にする必要はない

子どもは親孝行するために、人生のすべてを犠牲にすべきでしょうか。

数年前に、こんな相談者がいました。

74歳のおひとりさま女性です。彼女が55歳の時に、母親が倒れたそうです。

そのとき母親は84歳。もう生い先は長くないだろうと、彼女は思ったそうです。

母親と父親は折り合いが悪く、彼女が幼い時に離婚。その後、母親は実家に戻り女手一つで彼女を育ててくれました。

彼女は、育ててくれた母親の恩に報いようと、結婚もせず、母親を養い続けました。

母親が倒れたとき、最後の親孝行をしようと、37年間勤めた職場を退職しました。

それから19年、身体の不具合で倒れた母親は、その後も生き続け、90歳を超えたころから、認知症に。

彼女は74歳になった今も、介護保険サービスを使いながら１０３歳の母親の在宅介護を続けていると話してくれました。

彼女が相談に来たのは、高齢になりおひとりさまであることに、不安を感じるようになったからとのことでした。

母親は彼女が見送ることができる。でも彼女には、頼れる親戚すらいないのです。真面目な人当たりの良い女性ですので、結婚するつもりであれば、きっと結婚できたにちがいありません。

彼女は人生のすべてを、母親に捧げて生きていました。彼女のように子どもは親のためにすべてを犠牲にすべきなのでしょうか。

儒教では「孝」といって、親のために子どもが尽くすことを美徳とします。私も、彼女の母親への献身に頭が下がる思いをしました。

ですが、彼女のように人生のすべてを母親に捧げるのは、子どもにとって荷が重くないでしょうか。彼女のように、母親の面倒をみるために、結婚や自分の楽しみをすべてあきらめるのはなかなかできるものではありません。

できる範囲で親の面倒をみることです。

よくお話しさせていただくのですが、親の介護のために自分が犠牲になっていると思うと虐待が起きやすくなります。自己犠牲でやっても、内心で怒りをためてしまうからです。

そこで、子どもだからといって、親のために何でも犠牲にすることなく、できる範囲で親の面倒をみることを心がけてください。

その程度の軽い気持ちの方が、長い介護ではちょうどいいのではないでしょうか。

上場会社の支店長をしていた知り合いが、介護離職した経験を話してくれました。80歳を超える母親が倒れたので、人生最後の親孝行だからと、仕事を辞めて在宅介護を始めたそうです。もう80歳を超えているし、数年で終わるだろうと思っていたら、それから10年も介護が続いたそうです。こんなに介護で長期間苦労するとは思っていなかったと話してくれました。

親が倒れると、なんとなく長くて数年で亡くなると感じてしまうものです。しかし、実際に、私の母は脳梗塞で倒れ、13年施設介護が続いています。

以前、相談を受けた60代の女性の母親も、81歳で脳梗塞で倒れ、その後9年介護が続いていました。


親のためにどのくらい尽くせるかは、人それぞれ。あなたと親とのそれまでの親子関係にもよるでしょう。

それまでに、親に大切にしてもらっていたら、親のためにある程度尽くしてもいいと思うかもしれません。

逆に、親から虐待でも受けていたら、とても親のために尽くそうという気にならないのでは。無理して親の介護のために尽くそうとしても、つらいですよね。

そんなときは、できるだけ介護保険サービスを使って、親の犠牲になっていると思わないで済む程度に関わるのもありだと思います。

親孝行は美徳かもしれませんが、無理をすると長続きしません。

また、親の介護でどのくらい尽くせるかは、子どもの年齢にもよるのではないでしょうか。

私の知り合いで、もうすぐ70歳の女性がいます。彼女の場合、65歳の定年退職まで、母親が元気で、彼女の食事作りから、洗濯、掃除まで、すべて日常のことをやってもらっていました。

彼女が定年退職後、数年して、100歳近くなった母親の足腰が老衰で弱り、車いす生活になりました。彼女は、仕事がないので、介護に時間を取ることが容易です。

今まで世話になった母親のために、在宅で介護しています。そして、ときどき車いすの母親を連れて旅行を楽しんでいます。

定年退職後のように、時間がとれるのであれば、親の介護のために尽くしても、それほど負担はないかもしれません。

ではあなたが、かつての私のように20〜30代だったらどうでしょうか。

独身で仕事に邁進しているときに、親の介護のためにすべてを犠牲にできるでしょうか。独身なら、仕事や、あなた自身が配偶者を見つけて、家族を作ることを優先したほうがいいかもしれません。

40代だとどうでしょうか。結婚して配偶者や子どもがいたらどうでしょうか。

あなたが優先すべきは、親の介護でしょうか。仕事や配偶者との家族関係ではないでしょうか。

親が亡くなった後も生活が続くのですから。

2　親は死んだ後のあなたのことまで考えてくれていないことを認めよう

今まで親族の介護を続けてきて、非常に残念なことに気づきました。

それは、介護されている親は、死んだ後のあなたのことまで考えてくれていないという事です。

実は、私の祖父母も母も、介護されている間、一度も私の将来について心配してくれたことがなかったのです。

私の父方の祖母にいたっては、「死ぬまで地元から離れないで」と私に懇願する始末。ちょうど就活真っ盛りの、大学3年生の頃でした。母方の祖母の介護が始まってから、自分のことを後回しにして、家族に尽くす習慣がついていた私は、祖母の希望をきいてしまいました。

今考えると、祖母は私の将来のことよりも、自分の体が弱っていく不安から、孫を犠牲にしようとしていたのではないかと。

犠牲にしようという積極的な目的はなかったにしても、孫の将来より自分の不安解消を優先したのでは。

人間、元気なころは、子どもや孫へ「私のことはいいから」と、自分のことを後回しにする余裕がありますが、自分の体が弱ってくると、その余裕はないのでしょう。

介護している人から、親のことを「昔は子ども思いの優しい人だった」と言うのをときどき聞きます。

元気で余裕があるときは、子ども思いの親でも、介護されるようになると変わります。

私の母方の祖母にいたっては、認知症の物盗られ妄想で、介護している私たち家族すら泥棒扱いする始末。祖母は、将来のことどころか、介護中の家族のことを思いやる余裕すらなかったと思います。

人によるとは思いますが、あなたがどんなに親の介護のために尽くしても、親はあなたの将来の心配よりも、自分のことだけを考えているかもしれません。

親は自分の将来のことまで気にかけてくれていないかもしれない。

そこに気づいているだけで、自分のことを大事にすることに罪悪感を抱かずにすみます。

3　介護のせいで死を覚悟するのはやめよう

私も経験がありますので、あまり人のことは言えないのですが、介護のせいで死を覚悟するのはやめましょう。

ときどき報道で、介護している家族が、介護されている高齢者を殺害し、自分も死のうとする無理心中事件や、家族全員で川に飛び込むような一家心中事件などを耳にします。

私も精神的に追い詰められたことがあるので、正直言って、他人ごとではないと心が痛みます。

介護していると、自分たち家族のことしか目に入らず、冷静に判断できなくなるんですよね。

世間に迷惑をかけてはいけないとか。警察や行政の世話になるのは、恥ずかしいとか。

私が介護で最初の死を覚悟したのは、10代のころ。母方の祖母が認知症で頻繁に110番通報して、夜中でもパトカーを呼んでしまったのです。多感な10代で、近所の人に、「どうしたの？」と頻繁に聞かれ、いちいち説明するのも苦痛でした。

学校の同級生にもしこんなことがバレたらどうしようと、常にハラハラして学校でも落ち着かず。家に帰れば、認知症の祖母と、介護うつの母が待っていて、落ち着くところがありませんでした。

こんなに祖母のことで世間に迷惑をかけて、恥ずかしい思いもして、と思いつめ死んでしまいたいと。

そして二度目は、母が脳梗塞で倒れ、介護が必要になったとき。すでに書きましたが、母が家に帰りたいというので、できるだけ母を看て、看れなくなったら母を殺して、自分も死のうと。

うつ状態がひどい時期で、母の件がなくても希死念慮が強い時期でもありました。その時は、親族の介護だけで人生が終わってしまうのではないかと、絶望も大きかったのです。

冷静に考えると、介護で死を覚悟するときには、二つの要因があります。

精神的要因と、経済的要因。

私が10代のとき死にたいと思ったのは、祖母の介護からくる精神的苦痛から。

そして、母の脳梗塞での介護で死を覚悟したときは、長期間に及ぶ介護からくる精神的苦痛と、仕事をやめ介護することに起因する経済的な問題から。その二つを和らげることで、死を防ぐことができるのでは。

精神的苦痛に対しては、介護保険サービスを利用して、介護を一人で抱え込まないことが有効です。

在宅でも、親を日中デイサービスに送り出せば、自分の時間を作ることができます。数日休日がとりたければ、ショートステイを利用することで解決できます。

私の家族が認知症の祖母を介護していた30年前と違い、さまざまな介護保険サービスを利用できるのですから、自分の精神的負担を軽くするため、積極的に活用しましょう。

そして、もう一つの経済的負担。

これは大きいですよね。働いていても、自分の生活で精一杯という人も。

そんなときは、親自身のお金で介護することをおススメします。

自分で何でも抱え込まない。親の介護のせいで死を選ぶことだけはやめましょう。

きっと親もそんなことは望んでいないでしょうから。

4　介護は親のお金でまかなおう

介護にはお金がつきものです。お金がないと介護はできません。

介護保険サービスを利用するにも自己負担が1割から3割かかります。

長丁場の親の介護。そこで、おススメするのは、介護は親のお金でまかなうことです。

　親の経済力では二パターンに分けられます。

一つ目は、親が介護の経済的負担に耐えられる場合。

もう一つは、親の経済力では介護の負担に耐えられない場合です。

最初に、親が介護の経済的負担に耐えられる場合どうすればよいのかお伝えします。

親が年金や預金で日常の生活費や介護の費用が支払える場合には、親のお金で介護費用をまかないましょう。

親が亡くなったときに、家をもらえるからとか、介護していたのだから当然財産を多くもらえるはずと考えて、同居している子どもが親の介護費用を負担していることがあります。

でも実際には、親が亡くなったら、兄弟がいればきちんと親の財産を分けなくてはなりません。

そのときになって、親の介護をしていたことを主張しても、子どもが親の面倒をみるのは当り前だからと、遺産分割時に寄与分が多く認められることはめったにありません。

そうなると、親の介護をして、しかも費用負担までしてとなると、介護してきた子どもは納得がいきませんよね。介護が引き金になって、親が死んだ後まで、兄弟げんかすることになりかねません。これは賢明ではありませんよね。

そこで、親が死んだあとは、兄弟で遺産を分けなくてはいけないことを前提に考えましょう。そうしたら、親のお金から介護費用を払うことにためらいはありませんよね。

そして、きちんと介護費用の明細書を作っておく。

私も母方の祖母のとき経験したのですが、介護に携わっていない兄弟が、介護してくれている兄弟が親のお金を使い込んだと勘違いして、責め立てることがあります。

親の介護を引き受けて、その上、泥棒呼ばわりされたらかないませんよね。

介護費用は親のお金から出す。そして、使ったお金の明細書を作っておく。そうすることで、自分の身を守ることができます。

では、親が介護費用の負担に耐えられない場合はどうすればよいのでしょうか。

年金が少なく貯金もない、そして、自分も親に仕送りするほどの余裕はない。そんなときは、親に生活保護の申請をしてもらいましょう。

見栄を張っている場合ではありません。無理して仕送りしていたとしても、あなた自身が、仕事を失ったり、体を壊して働けなくなったりしたら、親ばかりでなく、あなた自身も、親の介護が原因で共倒れしてしまいます。

そうならないためにも、親の介護費用は親のお金で。

介護は長丁場。長い目で見て判断したいものです。

5 最期の選択は親にしてもらおう

人間誰しも、他人の人生を自分の決断で終わらせたいとは思いませんよね。

ところが、親の介護をしていると、いつ決断を迫られる日がきてもおかしくはありません。

私にも訪れました。母の施設での介護が始まってから3年程たった頃です。施設長の女性から仕事中に電話がありました。

母が食事をとれなくなって様子を見ていたそうですが、1週間近くになるので、連絡をくれたそうです。

「胃ろう付けてもらいますか？　簡単な手術だと主治医が言ってますし」

胃ろうについては名前ぐらいしか知らなかったので、まさか自分の母親が必要になるとは思ってもみませんでした。もし胃ろうを付けなかったら、どうなるかきいたところ、

「胃ろうを付けないと、こちらでは最期まで看られないので、他の施設か病院を探してほしい」

と言われ、詳しい症状は主治医から聞いて欲しいと言われました。

今では看取りまでしてくれる施設が増えましたが、当時はまだ少なかったように思います。

主治医に電話して確認すると、

「食事が取れていないから、このままでは1か月もつかどうか」

私が胃ろうをつけると決断しないと、母は1か月後にはこの世にいないかもしれない。

そう思うと、頭を思いきり殴られたような衝撃を受けました。

母の人生をここで終わらせてもいいのだろうか。私には、母の人生を終わらせる決断はできませんでした。

胃ろうの手術後、栄養剤のおかげで体力を回復し、母は食事が取れるようになりました。

でも、母に面会に行くと、泣きながら言われました。

「こんなにつらいんだったら、どうしてあのとき殺してくれなかったの」

食事をとれるまでに回復しても寝たきり。自分でやりたいこともできないし、他人の世話になり続けなければならない。

母は脳梗塞で倒れてから、ずっと寝たきりでつらかったのでしょう。でも、寝たきりになったら延命治療はいらないとは、一度も母の口からきいたことはなかったのです。

もし、母から延命治療は不要だと聞かされていたら、たぶん胃ろうはしなかったはずです。

なぜ、延命治療は不要と伝えておいてくれなかったのか。自分の命の決断を娘にさせるのか。その上、責めるのか。

やるせない気持ちでいっぱいで、とてもつらい時間を母とともに過ごしました。

その後、母は寝たきりで約10年。途中施設を移りましたが、施設介護が続いています。

寝たきりの母をみると、あのとき胃ろうをつけた決断が間違っていたのではないかと、私自身を責めてしまいます。

子どもにとって、親の命の決断は重荷です。

どんな手段を使っても、できるだけ長く生きたいという人もいれば、延命治療は不要だという人もいます。

親の意思を確認しておく。そうすると、子どもにとって決断の重荷を軽くすることができます。

親の介護の終点は、親が亡くなるとき。

最期の選択は親自身にしてもらいましょう。

第5章

介護にまつわる人間関係を知って気楽に構える

親の介護では、多くの人と関わらなくてはやっていけません。
そこで、介護にまつわる人間関係を考えてみましょう。

1 親の状況で一喜一憂しなくてよい

約30年の親族の介護で、みなさんにお伝えしたいことは、親の状況で一喜一憂する必要はないということです。

毎日変わる親の状態に振り回されていると、精神的にも身体的にも疲れてしまいますよね。でも、実際には一喜一憂するものなんです。

祖母の介護の時、私の母は、祖母の状況で一喜一憂していました。

今日は昔の子どもだったころの優しい母だったと言っては喜び、物盗られ妄想で夜中に110番したといっては、なんてダメな親なんだとののしっていました。

でも、これは仕方ないことなんです。親を介護する子どもは、目の前の親の一挙手一投足をみて介護しているわけですから。

しかも、介護にかかわるのはたいていの人は初めてでしょう。初めてのことでは、目先のことにとらわれてしまうのは仕方がないのでは。

これは、世話をするという点で似ている育児で考えてみましょう。

子育てしたことがある人なら分かると思うのですが、一人目を育てているときと二人目を育てているときでは、感じ方が違うのでは。

たとえば、子どもが熱を出したとします。

一人目のときは、夜中に熱を出すと、心配で、すぐに24時間対応してくれる病院に駆け込んだりしませんでしたか。初めてのことばかりで、熱を出したと言っては大病ではと心配し、転んでけがをすれば、バイキンが入ったら大変と心配する。

でも二人目のときは、一人目のときで経験済みなことが多いですよね。夜中に熱を出しても、上の子もそうだったと冷静に受け止められたのでは。

親の介護でも同様ですよね。

少し冷静に考えてみれば、それほど慌てなくてもよいことを、慌ててしまう。

親の行動や状態で動揺してしまったら、少し距離を取ってみましょう。

親の状況で一喜一憂しない。きっと冷静に判断できるはずです。

2　親の介護は長い下りの階段を一緒に降りるようなもの

子どもを育てていると、子どもの成長は階段を一歩一歩上っているようなものだと実感します。

立てなかった子どもが、立てるようになっていた。昨日までできなかったボタンかけが、今日はできるようになっている。手づかみで食べていた子どもが、スプーンを使って食べられるようになった。そんな小さなことなのですが、日々できることが増えていきます。

ですが、親の介護は逆です。

昨日まで自力で歩けていたのに、今日は手すりなしには歩けなくなった。昨日まで自分で食事ができていたのに、スプーンすら持ってくれない。食器を使わずに、手づかみで食べだした。トイレできちんと用が足せなくなって、糞尿をまき散らしていた。トイレで用が足せず、おもらしするようになった。ベッドから起き上がれなくなった。

書ききれないほど、できないことが時間とともに増えてきます。

私の母方の祖母は当初は軽い認知症でした。1日に同じことを何十回も話して聞かされるくらいでした。それが、母が買い物に出かけると、そのことを忘れ、母が誰かにに誘拐された、家出したと騒ぐように。

自分が財布をどこかに置き忘れたことすらわからず、夜中に泥棒にとられたと110番通報。知らない人が勝手に家に入ってきたと思い込み、夜中にまた110番通報。

外出しては、家の場所を忘れ、帰って来れず。一人で外出しては、バッグをどこかに置き忘れてくる。徘徊をとめようとすると、家の1階の窓ガラスを靴の裏側でたたいて割る。

そのうち、夜トイレまでたどり着けなくなり、ポータブルトイレが必要に。自分の子どもの名前と顔が一致しなくなり、話のつじつまが合わなくなる。

だんだん歩けなくなり、1日中ベッドの上で過ごすように。

祖母の傍らで世話していると、ゆっくりとですが、日々できることや理解できることが減っていることを実感しました。

最後に亡くなるまでの間、ゆっくりと下りの階段を下りるように。ときどき症状が安定して踊り場もあるのですが。私たち介護をする家族は、親がゆっくりと下る階段を付き添って一緒に下るようなもの。

親が亡くなるときまで、親の状態を温かく見守るしかないのではないでしょうか。

3 親の介護で陥る大きな二つの穴〜「介護うつ」と「介護離婚」に気を付けよう

親の介護に懸命になっていると見えなくなる落とし穴があります。

まず、一つ目は自分自身。

そしてもう一つは、家族との関係。

介護をしていると、自分自身のことを後回しにしてしまうことが多くなります。

介護が必要な親のことを先にして、自分のことは忘れていたり。仕事や介護で身体的にも精神的にも疲れ切っているのに、気づけない。そして、介護うつに。

私の経験からお話しします。

中学2年生の6月から現在まで常に介護が必要な親族がいる状態が約30年続いています。

こんなに長い期間、親族の介護と向き合うことになろうとは、中学生の頃には、全く想像もできませんでした。

ある日、長男と同居しているはずの祖母が、母へ電話をかけてきました。長男の嫁が、祖母との同居を嫌がっているので、祖母に施設へ行くか、自分たちが出ていくかどちらかを選択して欲しいと告げたそうです。

母が長男を説得し、祖母との同居を続けてくれることになりました。

ところが1か月後、また祖母から電話です。

長男家族が勝手に引っ越してしまい、祖母だけが取り残されたというのです。70代半ばの祖母を一人で置いておくわけにもいかず、我が家で引き取ることになりました。

その時は、なんて冷たい叔父たちだろうと、子ども心に祖母に同情しました。

でも、1日に何度も同じことを繰り返して話す祖母の相手をしているうちに、叔父たちの選択も仕方がなかったのだろうと合点がいくようになりました。

その頃は、まだ認知症という言葉は使われておらず、痴ほう症と呼ばれていました。

母が買物に出かけたわずかな時間でも、祖母は取り残されたことに動揺し、電話機の近くに貼ってあった連絡網をみて、私の中学へ泣きながら電話をかけてくることもしばしば。祖母から電話が来るたびに、事務員が教室に呼びに来るので、気恥ずかしくいたたまれない気分になりました。

そのうち祖母はモノ盗られ妄想がひどくなり、夜中でも平気で110番通報することが多くなりました。そのたびにパトカーが夜中に我が家にやってくるので、夜でも祖母から目を離すことができなくなりました。

そんな祖母につき合っていた母がだんだんおかしな言動をするようになりました。母も被害妄想的な言動をするようになり、父や私を何時間も責め続ける。祖母と一緒になってモノ盗られ妄想的な話を続ける。

今では介護している家族が精神的に不安定になり介護うつという言葉もあります。ですが、30年前にはありませんでした。父も私も、母の行動を理解することができませんでした。

母は祖母の介護で24時間つきっきりでした。心身ともに疲れ切っていたのでしょう。

私たち家族も学校や仕事と祖母の介護で疲れ切っていたので、母のことまで気にかけてあげることはできませんでした。

ようやく母の当時の言動や行動について理解できるようになったのは、つい数年前、介護うつについて調べていたときです。

介護うつとは、介護している家族がうつ状態になること。近年では、ごく普通に使われていますよね。

数十年経って、ようやく母の苦しみを理解できたんです。そのくらい介護うつは家族からも理解されにくいんです。

当時は子どもが親を介護するのは当たり前。母が介護の愚痴を言おうものなら、親戚から「親の面倒をみるのは当り前」と冷たくされたようです。

母が祖母を介護しなければならない苦しみを理解できる人は少なかったんです。物盗られ妄想で、夜中でも110番してパトカーを呼んでしまう祖母の相手をするため、1日中つき合うのは身体的にも精神的にも大変だったと思います。

母の被害妄想やモノ盗られ妄想は祖母が亡くなった後も続きました。そして58歳の時に脳梗塞で倒れるまで続きました。


親の介護をしている人は、まず、自分自身を大切にしてください。

母のように介護うつになってしまっては、親の介護を続けることも難しくなります。そして、その後の人生に大きな影を残します。

まずは、自分の人生を優先する。そのくらいでちょうど良いと思います。


家族との関係で注意すべきはパートナーとの関係。介護が原因でパートナーとの関係がうまくいかないと、介護離婚ということに。

介護離婚とは、夫や妻の双方の親の介護が原因となる離婚のことをいいます。最近は、親の介護で介護離婚という報道をよく目にするようになりました。

そこで、親の介護で介護離婚を避ける方法を検討します。

(1) 介護離婚の原因

介護離婚で多いのは、妻が夫の義理の両親を介護している場合のようです。

現在介護離婚を検討しているのは、熟年といわれる50代くらいの夫婦が多いことでしょう。

この年代ですと、まだ嫁が夫の義理の両親の介護を担うことを当たり前のように考える男性も多いのではないかと思います。

そこで、介護離婚の原因を考えてみましょう。

① 夫が介護に協力しない

義理の両親は夫の両親です。

それにもかかわらず、夫が親の介護をせず、妻に丸投げしたらどうでしょうか。

夫の両親と妻は仲が良くないことも多いことでしょう。仲の良くない義理の両親の介護を妻に丸投げして、仕事が忙しいことを理由に、夫が親の介護にたずさわらなかったら、妻としては離婚を検討するのではないでしょうか。

「民法第877条　1項　直系血族及び兄弟姉妹は、互いに扶養をする義務がある。」

妻は夫の両親の直系血族にあたらないため、妻には夫の両親の直接的な介護義務はありません。

妻は離婚することで、夫の両親の介護から逃れることができるのですから。

②夫の兄弟姉妹が口だけ介護をする

民法877条1項により、妻には夫の両親の直接的な介護義務はありません。

夫の両親の介護は、本来夫と、その兄弟姉妹が行うべきものです。

それにもかかわらず、夫も介護に協力せず、独立した夫の兄弟姉妹も親の介護をせず、嫁である妻に介護を押し付けたとしたらどうでしょうか。

介護に協力しない夫の兄弟姉妹ほど、親の愚痴の聞き役になるものです。

すると兄弟姉妹は、親が嫁の悪口を言ったりすると、それを夫へ告げ口します。

夫がそれを真に受けて、親を介護してくれている妻へ文句を言ったら、義理の両親の介護をしてくれている妻はどう思うでしょうか。

妻は文句を言われてまで介護する義務はないのですから、当然離婚を考えるのではないでしょうか。

③夫も義理の両親も妻に感謝しない

数十年前の日本では、嫁が家事も介護も担うのがあたりまえでした。

その感覚が古い世代の義理の両親や夫に残っているのでしょうか。夫も義理の両親も、妻に介護してもらってあたりまえのように感じていることがあります。妻に介護してもらって当たり前と思っているのですから、当然「ありがとう」なんて言いません。

妻は夫の両親の介護のため、1日中家で奮闘しています。それにもかかわらず、どんなに介護しても当たり前で済ませられてはたまりません。

先述のとおり民法877条1項で、妻には夫の両親の介護の義務はないことがはっきりしています。

義務がないのに、夫の両親の介護を担ってくれている妻に、夫も義理の両親も感謝しなければ、無給で介護している妻は、耐えられないのではないでしょうか。

当然妻は離婚を考えることでしょう。

(2) 親の介護で介護離婚を避ける方法

これから高齢者がどんどん増えます。親の介護をしなければならない人も増えることでしょう。

そこで、親の介護で介護離婚を避ける方法について検討しましょう。

① 自分の両親の介護は自分でする

数十年前までは、夫が仕事をし、妻が専業主婦という世帯が多かったこともあり、妻が夫の両親の介護を引き受けざるをえない状況もありました。

しかし、内閣府男女共同参画局「男女共同参画白書（概要版）」平成29年版によると、平成9年以降は共働き世帯数が男性雇用者と無業の妻から成る世帯数を上回っているそうです。

現在では、専業主婦で介護をになえる妻は少数派です。

そこで、夫は自分の両親の介護を妻任せにするのではなく、自分がメインで介護するようにしましょう。

妻には、夫の両親を介護する義務はありません。

妻には、どうしても人手が足りないときに、お願いして協力してもらう程度に、自分の両親の介護にかかわってもらいましょう。

義務がないのに義理の両親の介護をするのは、たいへんなストレスです。

夫も妻も、お互い相手にストレスを与えないようにして、介護離婚を避けましょう。

②感謝する

夫も妻もお互いに結婚するとやってもらって当たり前と考えてしまうようです。

そして、やってもらったことに対して感謝することを忘れてしまうようです。

そこで、夫も妻も、自分の両親の介護のことで、配偶者に手伝ってもらったときには「ありがとう」という感謝の言葉を忘れないようにしましょう。

感謝の言葉ひとつで、介護を手伝った夫や妻の気持ちがやわらぎます。感謝の言葉を声に出して、介護離婚を避けましょう。

自分の親の介護を、仕事が忙しいことなどを理由に配偶者に押し付けていませんか。もし親の介護を引き受けたのでしたら、自分の親の介護は、自分でやるようにしましょう。

配偶者には、自分の親の介護をする義務はありません。

夫や妻は、義理の親の介護から逃れるために、介護離婚の選択をされないようにしましょう。

もし夫が妻に親の介護を押し付けていた場合に、もし妻に離婚されたらどうなりますか。

当然介護は夫自身でしなければならなくなります。

そのときに、妻がいないので、誰も助けてくれる人がいない状況になります。

そのような状況にならないためにも、介護離婚は避けたいですね。

ちなみに、私の両親も介護離婚しました。

20年前に両親が離婚したときは、介護離婚という言葉はありませんでした。

もともと、夫婦仲が悪く、よくケンカしていたのですが、母が祖母を引き取ってから悪化しました。

父は子どもが親の面倒をみるのは当たり前という、昔ながらの考えの人。病院へ行くといっては、運転手を買って出たり、母が祖母の面倒をみることに、協力していました。

それでも、祖母の介護が長引くにつれ母の介護うつが重くなり、ケンカの回数が増えてくると、だんだん同居が難しくなりました。

そして、祖母が亡くなった後も終わらない、母の被害妄想による言動や行動に耐え切れず、とうとう祖母が亡くなって数年後に両親は離婚しました。


もし、あなたがパートナーのことを大切に思っているのであれば、優先順位を考えてみましょう。

もし最優先事項が親の介護であるのであれば、それは良し。

そうではなく、パートナーや子どもとの生活がより大切であるのであれば、親の介護計画を見直しましょう。

そして、大切な人との別れを経験しなくてもすむように願っています。

4　あなたに思春期の子どもがいたら子どものメンタルに注意してあげよう

子どもがいる人は、親の介護をするときに、特に子どもの精神状態に気をつけてあげて頂きたいと思います。

先日たまたま外出先のテレビでこのような場面を見ました。

5歳と10歳の娘を育てている母親が高齢の義父の介護をしているというものです。

そこで5歳の娘のことで、介護に専念しているため向き合えず悩んでいる母親が、年配の専門家の女性に相談する場面です。

専門家の女性は正確な言い回しは忘れてしまいましたが、このようなことを話しました。

「介護が必要な義父は家族の中で一番弱い人。その人を介護することを見せることは、優しさを教えることができる」

これは本当でしょうか。

私は中学生になっていたとはいえ、このように思ったことはありませんでした。

たしかに、祖母の介護を通じて、高齢者との接し方を学びました。介護を経験していない同世代の友人たちよりも、弱者へ配慮するようになったかもしれません。

しかし、24時間の介護は生易しいものではありません。専門家のアドバイスは、あまりに、介護を美化しすぎているのではないかと個人的に思いました。

専門家の意見はあくまでその人の意見。子どもの思いや感情ではありません。

私の個人的な経験では、祖父母の介護がその後、私の人生に暗い影を落としました。

その暗い影は二つ。

一つ目は、生きていても仕方がないという諦観や希死念慮。しっかりしていた祖父母が、人生の終盤では、老いさらばえて醜態をさらし、子ども達に迷惑をかける。

多感な10代での経験から、自分もどんなに努力しても結局は祖父母と同じように、子どもも達やまわりに迷惑をかけて死んでいくだけなんだと、生きていく意味が分からなくなりました。

10代の後半から、学校に通ってはいましたが、学ぶことや生きていくこと、すべてが無駄に思えて、それでも続けなければいけない。すべてのことが無意味に思えて、10代の頃には、遺書を書いて自殺しようとしたことも。

物盗られ妄想の祖母が夜中に通報してやって来た警察官が、たまたまそれをみつけ、自殺しないように心配してくれたこともありました。

二つ目は、祖父母の要求に応えているうちに、自分が人生で何をしたいのか見失ったことです。

通常10代から20代の若者であれば、将来何かをしたいと、希望を持っていることでしょう。

ところが、私の場合は、祖父母の介護や世話をしなければならないという家族の役割のため、自分のやりたいことを心の中で押し込めていました。

そうしているうちに、他人の要求を優先して、自分のこと後回しにするのが当たり前になってしまいました。

次第に、家族でない他人にすら強く言われると、言い返せず従ってしまう、おかしな状態まで達しました。

そうなると寄ってくるのは、私を利用しようとするようなおかしな人間関係。その人間関係のゴタゴタもあり、もともとの希死念慮も手伝って、うつ状態が長引いてしまいました。

祖父母の介護後から、自己肯定感はまったくなく、授業で当てられても、小さな声でぼそぼそ答えるような生徒でした。きっと先生たちから見たら、気難しい生徒に見えたのでは。

その自己肯定感をあげるために、いろいろなセミナーや勉強会に20年以上も通い続けなければなりませんでした。

どうしてこんなに自己肯定感が低いのか、ようやく回答が見つかったのが1年くらい前。

たまたま読んだ本なのですが、7年間うつを患っていた精神科医の宮島賢也さんの著書『うつぬけ精神科医が教える心が折れない子を育てる親の習慣』（KADOKAWA）の中に答えをみつけたように感じました。

詳細は著書をご覧いただければと思いますが、簡単に要約すると、宮島さん自身がうつになった原因の根本は少年期にあったそうです。

両親はしょっちゅうケンカ。母親はいい成績を取らないといい顔をしない。母親はときには勉強しなさいと包丁を持って追いかけてくることも。

そんな家では落ち着けないし、親子関係にも苦しんだ。その結果、自己肯定感の低い人間になってしまった。

私自身も似たような境遇。両親の中は悪く、ケンカばかり。そこに、祖父母の介護が重なり、家が落ち着かない。「歴史に、もしもはない」といいますが、もし我が家で介護を引き受けなければ、精神的に楽に過ごせたのではないかといつも考えてしまいます。

重ねて申し上げますが、親の介護をするときに、きちんと子どもと向き合って、子どもの思いを確認して頂きたい。

もちろん、その上で介護を優先させたいのであればすればいいですし、子どもを優先させるのであれば、その方法を模索する。

親の介護と子どもの気持ちを両立させる方法を模索するのもありでしょう。どのように親の介護と向き合うのか、選択肢はあなたの中にあります。

少し厳しいかもしれませんが、けっして他人のアドバイスだけで決めることがないように、後悔のないように選択したいものです。

5 介護に協力してくれない親戚が口をはさんできたらやんわりと受け流す

親を介護していると、介護にまったく協力してくれない親戚が、いろいろ口を出してくることがあります。

母方の祖母の介護のとき、我が家でもしょっちゅうありました。

そのようなときに、どのように対処すれば良いのでしょうか？

(1) 介護に協力してくれない兄弟姉妹が口を出してきたら？

親の介護なのに全く協力してくれない兄弟姉妹がいます。親は介護してくれる子どもの愚痴を、介護に全く協力してくれない別の子どもに、子どもが訪れたときや、電話で話すことがあります。

人間は不思議なもので、身近で世話してくれる子どもに感謝する人もいれば、身近に接しているので遠慮はいらないとばかりに、他の子どもにこまごまと介護してくれる子どもの悪口を言う人もいます。

せっかく介護して親に尽くしているのに、親が自分の悪口を他の子どもに話していると、介護している子どもはやるせない気持ちになるのではないでしょうか。

「お姉ちゃん、お母さんが、お姉ちゃんに冷たくされるって泣いてたよ。

もう少し優しくしてあげてよ。」

「お姉ちゃん、お母さんが、お姉ちゃんたちはおいしいもの食べているのに、お母さんには残り物しか出してくれないって泣いてたよ。お母さんにも同じもの出してあげてよ。」

など、介護している親から、普段通り接しているにもかかわらず、冷たいといわれたり、介護している親の身体の状況に合わせて食事を出しているにもかかわらず、きちんと食事を出していないように愚痴られたりします。

それを聞いた全く介護に協力しない兄弟姉妹から、介護について口だけで介入されると、介護している子どもは、つらくなってしまいますよね。

自分のことを母親が悪口いっていたということで、介護する親に対して感情的に怒りを覚えることでしょう。

また、親の介護なのに全く手伝うことなく、「口だけ介護」の兄弟姉妹に対して、感情的に怒りを覚えることでしょう。

これは我が家で実際におこったことです。

祖母の認知症が進み、電話をかけることができなくなる、亡くなる2年前くらいまで、祖母は介護してくれない子どもたちに電話をかけ続けました。

いつも電話で祖母が話すのは介護する私たち家族の悪口ばかり。それを1時間以上も叔父や伯母、おいやめいに続けるのです。それを黙ってきいている私たち家族のことはお構いなし。何をやってあげても、悪くとって他人に話す。

そうかといって、誰も介護してくれる人がいないわけですから、介護を続けなければいけない。

本当に地獄でした。介護につきっきりだった母が一番の被害者だったと思います。

親が認知症なので仕方がないと思えればいいのですが、親子なので感情的になってしまいますよね。

そのようなときには、どうすればいいのでしょうか。

①親の性格だと悟ってあきらめる

介護してもらっている親の中には、子どもに介護してもらっていることを感謝する人もいます。

「いつもこの子に世話になって、ありがたい」など、介護してくれる子どもへの感謝の言葉を周囲に伝える人もいます。

それに対して、

「いつもこの子は、私の口に合わない食事を出す」

「いつもこの子は、私にやさしい言葉をかけてくれない」

「いつもこの子は、私をほっておいて、どこかへ出かけてしまう」

など、きちんと介護しているにも関わらず、文句ばかり言う親もいます。

そんな親の性格を知っていて、他の兄弟姉妹は、親の介護に全く協力してくれないのかもしれません。

そんなときは、自分の親の性格はこんなものと悟る必要があります。

どんなに介護で尽くしても、親は感謝どころか、悪口を外部に言いふらすのです。

親から感謝の言葉をきくことは不可能です。

数十年生きてきた親の性格を変えることは不可能です。そこで、自分の親の性格はこんなものと悟り、あきらめましょう。

あきらめきれないからと、こだわり続けても報われません。親へ尽くしすぎないことをおすすめします。

親の介護をすることはする。しかし、ここまでと線引きして、自分の生活を大切にしてください。

②口だけ介護する兄弟姉妹に介護の協力をお願いする

口だけ介護する兄弟姉妹に、感情的に怒りを覚えることがあるかもしれません。そこで、怒りに任せて怒ってはいけません。

感情的にならずに、冷静に、自分が親にどんなに介護でつくしているかを語りましょう。

その上で、これ以上の介護は難しいから、親の介護に口を出すのであれば、親の介護に協力して欲しいことを伝えましょう。親の介護を手伝ってくれるようになればしめたものです。

しかし、現実には親の介護に全く協力しない兄弟姉妹からの協力を、引き出すことは難しいものです。

たいていは、口だけ介護をしていた兄弟姉妹は、何か言えば、介護の協力を頼まれると学習し、口を出すのをやめます。

親の介護に全く協力してくれない兄弟姉妹からの口だけ介護がなくなるだけで、ストレスの原因が一つ減ります。

(2) おじやおばなど親の介護に協力してくれない親戚が口を出してきたら？

おじやおばなど、親の兄弟姉妹は親の愚痴の聞き役であることが多いです。

我が家でも、母方の祖母の妹は祖母が亡くなる1年前にがんで亡くなったのですが、それまで祖母の愚痴の聞き役でした。

そして、祖母の話を真に受け、母を責め立てました。

当然、おじやおばも高齢ですから、親の介護に協力してもらうことはできないことが多いでしょう。

子どもが仕事をして日中家をあけていたりすると、「仕事と親とどっちが大事なんだ」など、親のことは子どもが看るべきだという、昔ながらの感覚で口を出してくることがあります。

そのようなことを言われると、子どもは親の介護をきちんとしていないと周囲から思われていると考えて、親の介護へのプレッシャーになってしまいます。

仕事をやめて親の介護に専念することを選択してしまうかもしれません。

しかし、介護離職しても、介護と1対1で向き合っても、精神的、経済的に子どもは追い詰められるだけです。

そこで、親の介護に協力してくれない親戚の声は聞き流しましょう。

「そうなんだよね、親のそばにずっといてあげたいんだけど、介護費用もかさむし、働かざるを得ないんだよね」など、やんわりと、やり過ごすのはどうでしょうか。

今後親の介護はいつまで続くかわかりません。自分が外出している間の急変時などに、万が一世話にならないともかぎりませんから。

親の介護に協力してくれない親戚たちから何かを言われると、つい感情的になってしまいます。しかし、一番大事なのは、親の介護をしている子ども自身の生活です。

そこで、介護に協力してくれず口だけ出してくる親戚には、感情的にならず、冷静に対処しましょう。

聞き流すなど、鈍感力も大切です。

6　兄弟姉妹が介護にまったく協力してくれないときにはいないものと考えよう

親の介護を一人で引き受けるのはたいへんなことです。兄弟姉妹がいるのに、親の介護で協力してくれないことがあります。

我が家もそうでした。

そのようなときには、どのように考えればよいのでしょうか。

（1）親の介護で兄弟姉妹が協力してくれない

兄弟姉妹は、親の介護の協力をしてくれて当たり前でしょうか。

親の入院では、病院へ衣類を届けたり、洗濯物を持ち帰ったり、いろいろ親のことをしなければなりません。

在宅介護であれば、一人暮らしの親の様子を見に行ったり、親のところへ立ち寄ることも必要です。

ところが、親の様子を頻繁に見に行く子どもがいる一方、親が介護が必要となったとたん、まったく顔を見せなくなる子どももいます。

そのようなときには、介護を成り行きでメインで行うようになった子どもは、「なぜ自分ばかり犠牲にならないといけないの？」と不満を持つこともあるでしょう。

法律上は、すべての子どもが親を扶養する義務を負っています。

しかし、現実は子どもすべてが同じように親と関わることは難しいものです。兄弟姉妹とはいえ、親から独立してそれぞれ家族ができたりすると、家族構成や、経済状況も、実家からの距離もすべて異なります。

そうすると、実家から遠い子どもや、経済状況が厳しい子どもなどは、自分自身の生活に精一杯ということもありえます。

親の介護で兄弟姉妹が協力してくれない状況が生じてしまうのです。

(2) 親の介護で兄弟姉妹に協力してもらう方法

① 親の介護の役割分担を話し合う

親の介護で兄弟姉妹に協力してもらうためには、親の状況を一番把握している子どもが中心となって、親の介護の役割分担を決めましょう。

兄弟姉妹の中には、お金を出すのは難しいが、週1回仕事帰りに親の様子を見に行ってもよいなど、自分ができる範囲で協力を申し出てくれる人があるかもしれません。

親の金銭管理は誰がするのか、親の介護の手続きなどは誰がするのか、親が入院したときには、できるだけ延命治療するのか、それとも、延命治療はしないことにするのかなど、決めなければならないことがたくさんあります。

親の介護にはまったくたずさわっていないのに、突然やってきて、親の介護に口を出したり、親が意識不明になってから、できるだけ延命治療しろと騒ぐ子どももいるそうです。

そのようなことがないように、親の介護について、普段から兄弟姉妹でいろいろなことを話し合っておきましょう。

無理のない範囲で、兄弟姉妹から協力を引き出せるかもしれません。

②親の介護の収支明細書を作成する

親の介護で協力してくれない兄弟姉妹が、親が亡くなったあとの遺産分割協議などで、親の介護のために使ったお金について、介護した子どもが使い込んだと疑念を抱いて、協議が紛糾することがあります。

そこで、親の介護のために使ったお金については、きちんと収支明細書を作成しましょう。できるだけ、領収書なども残すようにします。

そうすることで、後に、親の介護で協力してくれない兄弟姉妹からの追及に、きちんと収支明細書をみせることで、対応できます。

(3) 注意すべきはおひとりさま

親の介護で、おひとりさまは注意が必要です。

結婚せずに親と同居しているおひとりさまの場合、親に介護が必要になると、親の介護の中心者にならざるをえないことが多いようです。

結婚して独立した兄弟姉妹たちは、子どもや配偶者がいたり、中には配偶者の親を介護していることもあります。

その点、結婚していないおひとりさまは、子どもも配偶者も義理の親もいないわけですから、身軽です。そこで、親にも兄弟姉妹にも、親の介護を期待されます。

しかし実際には、おひとりさまは配偶者などの頼れる人がいない人ともいえます。介護の中心者となったときに、ひとりで何でも抱え込まざるを得ないのです。

おひとりさまがたった一人で親の介護を抱え込むと、精神的にも肉体的にもストレスを抱え込むことになります。

そのようになると、親を虐待する人も出てきます。

ですから、おひとりさまは、親や兄弟姉妹からの介護に対する期待に応えることだけではなく、兄弟姉妹に対して、親の介護について協力を求めましょう。

また、身体的な介護については、介護保険の介護サービスも利用し、ホームヘルパーやケアマネジャーに相談して、できるだけストレスをためないようにしましょう。

親の介護は、親がなくなるまで続きます。

その期間は私のように数十年におよぶかもしれません。親の介護だけで人生のうちの数十年を使うことのないように、兄弟姉妹との連携関係を築けるといいですね。

7 介護の大変さを理解してもらうことはできないと覚悟する

介護の大変さを理解してもらうことはできないと覚悟すると、気が楽になります。

私の経験から言えることは、介護の大変さを、介護したことのない人に分かってもらうことはできないということです。

20代の頃、うつ状態がひどく、そのころの友人に10代からの親族の介護経験を話したことがあるのですが、誰一人理解してくれる人はいませんでした。「たいへんだね」と声をかけてくれる人は良いほうで、きょとんと理解できないという顔をしている人がほとんどでした。

介護の話は楽しいものではないですよね。友人だと思っていたかなりの人とは、その後疎遠になりました。

その状況は40代になってもほとんど変わりません。

40代になり、まわりに親の介護をする人が増えてきた状態でも、親の介護を経験していない人も多い状況。

さすがに去っていく人はいなくなりましたが、介護でどんなに大変だったか話しても、介護を経験していない人には話は通じません。

それは妊娠出産に例えると分かりやすいと思います。

男性は妊娠出産することはないですよね。たぶん妊娠出産はたいへんだろうと想像することはあっても、実感することは一生ないでしょう。

女性でも妊娠出産したことがない人には、妊娠出産が大変だろうと想像することがあっても、経験がないので実感はわかないし、どんなに大変か理解できない。

実は私もそうでした。

初めての子どもを34歳で妊娠出産するまで、妊婦がこんなに身体的にも精神的にも大変だとは知りませんでした。外見上はただお腹がポッコリしているだけ。

妊娠初期はほとんど外見からは分からないですよね。

でも、つわりで1日中気持ち悪いしだるい。食べ物ものどを通らない。町中にあふれている飲食店からの食べ物のにおいで吐きそうになる。

だるいし、からだは重いし、妊娠後期には骨盤が緩み歩くだけで激痛に。階段を上ると息切れするので、ついエレベーターを利用するように。このつらさ、妊娠出産した人は分かると思いますが、経験していない人は分からないのでは。

それと同じことだと思います。

数年前の祖父の葬儀のときに、従姉妹たちと話した時のことです。

従姉妹たちは、祖父が入院しているときも、一番上の従姉妹が一度見舞いに来てくれただけで、他の従姉妹たちは祖父と10年以上会っていない状態。

祖父が入退院を繰り返しているときに、父が敗血症で生死の淵をさまよったことがありました。祖父より父が先に亡くなれば、祖父の介護の負担は一気に私のところにかかってきます。

父が亡くならなくても、介護が必要になれば、祖父、父、母と3人の介護をしなければなりません。

幸いにして父は回復してくれたので、杞憂に終わりました。

そのとき、どんなに心細かったか話したのですが、リアクションはありませんでした。

たぶん、まったく介護したことがない従姉妹たちには、理解できなかったのだと思います。

介護を一手に引き受ける立場になったことに、むなしさを感じずにはおれませんでした。

ときどき、介護経験のある人と話をすることがあるのですが、介護経験があるからといって、自分の介護の大変さを理解してくれるとはかぎらないとも感じています。

ある70代の女性は、実家が大変裕福で、専業主婦で大学教員だったご主人の仕事の都合で、海外での生活が長かったそうです。母親が認知症になったとき、彼女は医療法人が経営する、介護付きの有料老人ホームに入所してもらったそうです。ほとんど自分で介護したことがないので、介護の大変さは実感できないと話していました。

また同じ病名でも、人によって症状は違うもの。

私の場合は、母が脳梗塞でいきなり寝たきりで、要介護5。

脳梗塞になって、片足を引きずっていたとしても、身の回りのことはできるという人もいます。

そうすると、親が脳梗塞で倒れたとはいっても、介護の状況は変わってきますよね。ある程度は理解してくれたとしても、やはり理解しきれないこともある。

認知症でも同様です。私の友人が80代の母親が突然錯乱状態になるというので、病院へ連れて行ったそうです。

目の前に大男があらわれたり、知らない人が突然家に入ってきたといっては騒いでいたというのです。診断名はレビー小体型認知症。今のところは、幻視の症状が目立っているくらいで、日常生活に問題がないそうです。

その一方で、私の祖母のように、物盗られ妄想で110番通報を頻繁にしたり、徘徊したりする人も。

同じ認知症とはいえ、症状や家族とのかかわり方は様々。

介護しているので、「お互いたいへんよね」と雑談できたとしても、本当のところは理解してもらえないのでは。理解してもらいたいと思うから、苦しくなるのでは。

そこで、理解してもらえないことが当たり前と知っておくと気が楽になりますよね。

8　親の介護は人と比べない

他人の介護と自分がする親の介護を比べないことが賢明です。

テレビなど報道で献身的に家族の介護する人を見かけることがあります。介護保険サービスを使いながら、在宅で介護している人や、子どもを育てながら在宅介護している人など。

30代前半の頃、他人の介護の様子を目にするたびに、自分よりも献身的で良い介護をしているように見えてしまいました。

そして、施設介護している自分を親不孝なのではないかと心の中で責め続けました。せっかく施設で母の介護をしてもらって、仕事を続けられているのに。そのせいで、うつ状態を長引かせてしまったように感じています。

でも、今になって思うのです。

人と比べても仕方がない。

ある人が親の介護をすることになったとします。

その人が献身的に親の介護をする。そう至るまでには、その親子の親子関係が良好であったり、定年退職後で時間的に余裕があったり、献身的に介護に専念できる条件が整っているからです。

もし仕事をしながら、親のために24時間使うような、献身的な介護が可能でしょうか。子どもにも生活があり、お金を稼がなくてはなりません。当然、介護ばかりしている時間的な余裕はないですよね。ときには、親のために施設介護を選択せざるを得ないことも。

また、親子関係が良好でなかったにもかかわらず、いきなり親の介護の段階で、親に献身的に尽くせと言われても、精神的につらいですよね。

私のように40代で約30年も介護しないといけない親族がいるというのは、少ないかもしれません。

しかし最近は人生１００年時代と言われています。

親がもし70代で介護が必要になり90代で亡くなったとしたら、その期間は20年。親の介護が必要になったのが、あなたが50代だとしたら、親が亡くなるときには70代になっています。

父親の方が年上であることが多いので、父親の介護が終わったら、次は母親の介護。二人分で30年ということも十分ありえます。

親の介護では、他人の介護と比べない。できる範囲でやる。気楽に臨むことで、長い介護を乗り切れるのではないでしょうか。

9　介護は感情戦

よく介護に詳しい人の記事や著書を読むと、「介護は情報戦」と書いてあります。

その理由として、介護で疲れた人にアドバイスすると、「もっと早くに知っていたら」と言われるというものです。

でも、本当に「介護は情報戦」なのでしょうか。

先日、学生時代の男友達から約1年ぶりに電話をもらいました。

83歳の母親が認知症になり、首都圏から東北地方の実家に戻ったとのことでした。彼は50代で独身。フリーランスなので、仕事に支障はなさそうです。認知症でも軽度で要介護1の認定を受けたそうですが、日常生活に支障はないとのことでした。

ただ彼がいないと不安がるので、できるだけ一緒に過ごしているとのこと。母親は社交的ではなく、デイサービスの見学に行ったそうですが、行きたがらないので、介護保険サービスは使っていないとのことでした。

私は介護は長丁場になることを、経験から知っています。そこで、介護で疲れた時に一時的に母親を預かってもらう必要があるかもしれないから、ショートステイを受け入れている施設や認知症のグループホームの情報を集めておいて、見学できるのであればしておいたら良いのではないかと提案しました。

ところが彼は、「今大丈夫だから、必要ない」との回答。私もそれ以上は言えませんでした。

今の時代、ネットで検索すればだいたいの必要な情報を得ることができます。でも必要だと思わなければ、検索しないのではないでしょうか。

親の介護が始まったばかりだと、私も母の時に経験したのですが、もしかしたら元気でいた状態に親が戻るのではないか、戻って欲しいと希望的観測を持つのではないでしょうか。

そして、認知症が進むことや、身体の状態が悪化することなど、考えたくないことにふたをしてしまうのではないでしょうか。

友人と話して、実感しました。

「介護は情報戦」ではなく、「介護は感情戦」か「介護はマインド戦」。

感情やマインドが邪魔して、必要な情報を検索できなくする。検索できないから情報を得られない。情報を得られないから、介護で苦労する。

親の状態が悪化することを想定して、事前に情報を集めておけるといいですね。

10　親の介護は決断の連続

親の介護は日々変化する状況に対する決断の連続です。

親が食事をとってくれなくなった、認知症の親の徘徊が始まった、身体の状態が悪化して入院することになったなど、親が元気だったころには想像のつかないことの連続です。

先日知り合いの50代の男性がＳＮＳでこんな内容のコメントを出していました。

「団地で一人暮らしの85歳の母。一人暮らしが難しくなってきたので、地域包括支援センターに行ってきた。ありきたりの一般論の説明だけ。人の人生を何だと思っているんだ。

人の人生なんて決められないよ。」

正直言って50代で初めて介護について考えればいいなんて、今まで介護に直面せずに済んだという点で、うらやましいと思いました。

文面だけでは正確なことは分かりませんが、きっと初めて介護に直面して動揺しているのでしょう。

それと同時に、親の人生について自分が決断しなければならないことを重荷に感じているのでは。それで地域包括支援センターに助けを求めたつもりが、一通りの説明を受けただけ。それを憤っているのでしょうね。

でも地域包括支援センターを含め行政は、いろいろな制度を整えてくれていますが、それを使うのは本人とその家族。

私も経験があるのでわかるのですが、介護が始まると、あらゆることを自分たちで調べて、契約や手続きをしなければなりません。

毎日が決断の連続です。そして一番のポイントは、介護されている親たちは、介護保険サービスを使うのを嫌がったりする割に、どんなサービスなら使いたいのか意見がない。

意見がないというよりも、どんなサービスがあるか知らなかったり、調べる方法を知らないということも。

認知症や脳梗塞を患っている親の場合、自分の意見表明すら難しいこともあり得ます。

そうなったときに、どんなサービスがあるのか調べ、手続きをし、親が介護保険サービスを利用するのをサポートするのは子どもであるあなたです。

親の介護は決断の連続であると知っておくと、いざというとき動揺せずにすみます。

11 親の介護は長期戦を覚悟する

親の介護では長期戦を覚悟しておいた方がいいでしょう。

親の介護は思っているよりも長い可能性があります。

私の経験を話しましょう。

母方の祖母を引き取ったとき、せいぜい2～3年くらいだろうと、そのくらいなら我慢しようと思っていました。それが、約8年。そんなに長い期間介護するとは、私たち家族には想定外でした。

父方の祖父の介護が始まったとき、すでに80歳を超えていました。きっと男性の平均寿命は80代半ばだし、きっと数年の介護だろうと思っていました。

それが、祖父が亡くなったのは96歳のとき。介護で約16年も費やしました。

私の母は、58歳の時に脳梗塞で倒れ、すでに13年施設介護。これからどのくらい介護が続くのか想像がつきません。

親の介護は長期戦だと覚悟しておけば、間違いないと思います。

おわりに

最後までお読みいただきありがとうございました。

ここまで読んでいただいたのでお分かりになるかと思いますが、親の介護は今までのあなたの人生を破壊するほどのインパクトがあります。

親の介護が人生の長くて暗いトンネルの入り口になるのか、素敵な人生経験の1ページになるのかは、あなた次第。

私は暗くて長いトンネルになってしまいました。

母方の祖母の介護が始まったのが、まだ中学2年生だったので抵抗できず流されてしまったせいでもあります。

そして、このことを友人にすら話すことはできなかったのです。

でも、この本を手に取ってくださっている読者の人は、30代、40代、50代の社会人経験も数十年ある人生のベテランのはず。

いろいろ人生経験も積んで、マネジメント能力もあるのでは？

私たち家族が母方の祖母の介護を始めた約30年前には介護保険制度が始まっていませんでした。

家族が介護するのは当り前。

認知症の祖母の介護が始まって、母は精神的にも身体的にも疲れ介護うつに、そして、父と母の夫婦仲は崩壊し介護離婚。

日々、家族が壊れていく様を見ていた私も、数年前までうつ症状を抱えていました。

そんな私も介護保険サービスを利用することで、母の介護を続けられています。

介護保険サービスを利用しないで母の介護を始めていたら、数年で生活は行き詰まって、きっとこのように本を書くこともなかったことでしょう。

２０００年に導入された介護保険制度、介護保険制度の導入にご尽力頂いた諸先輩方、福祉行政に携わっている方々、日々介護に携わっている介護職の方等のおかげで、私はこうして生活を続けられているのだと、日々感謝しています。

皆さんは、介護保険サービスを上手に活用して、親の介護を乗り切ることが可能です。

人生１００年時代。

転職も当たり前になってきました。

今までのように一つの会社で定年を迎える人も今後少なくなることでしょう。

今勤めている会社で親の介護でサポートを受けられても、次の会社ではどうでしょうか。

独立してフリーランスになったら？

どんなキャリアを選んだとしても、親の介護は自分の人生の一部になります。

親の介護をしながら、自分の人生を悔いなく思い通りに生きられるように応援しております。

児玉浩子

各種シートのダウンロード方法

※ LINE の場合

1「LINE」で、右の QR コードをスキャンしてください。

2「友だちを追加」の画面がでますので、「追加」を選んでください。

3 トークで「介護」と送信してください。
折返し、ダウンロード用 URL をお知らせいたしますので、そちらからダウンロードしてください。

※メールの場合

txgFX@mail.os7.biz に空メールをお送りください。折返し、ダウンロード用 URL をお知らせいたしますので、そちらからダウンロードしてください。携帯電話等でセキュリティ設定が強度の場合、メールが受信できない場合があります。そのときは、他のメールアドレスで再度お試しください。

児玉浩子（こだま ひろこ）

介護離職予防コンサルタント　株式会社ケイラボ所属
「本気で社員のことを考えている会社の介護離職予防研修」を担当
約30年以上にわたる親族4人の介護では、母親の介護うつ、両親の介護離婚、認知症在宅介護、施設介護などを経験。3児の母でダブルケアラー。経験にもとづく人生設計も含めた研修を行う。
アニメで介護保険制度などを伝えるYouTubeチャンネル
「人生の達人」を2019年11月から開始。
株式会社ケイラボ
https://keilab.co.jp
アメブロ「仲間と共に人生の達人になる」
https://ameblo.jp/kodama-hiroko/
LINE公式アカウント　児玉浩子
@199kfkwu

親《おや》の介護《かいご》、それでも人生思《じんせいおも》い通《どお》り！

ちょっと待《ま》った、その介護離職《かいごりしょく》

2020年2月21日　初版第1刷

著　者　児玉浩子《こだまひろこ》
発行人　松崎義行
発　行　みらいパブリッシング
〒166-0003 東京都杉並区高円寺南 4-26-12 福丸ビル6F
TEL 03-5913-8611　FAX 03-5913-8011
企画協力　Jディスカヴァー
編　集　山本由樹
ブックデザイン　池田麻理子
発　売　星雲社（共同出版社・流通責任出版社）
〒112-0005 東京都文京区水道 1-3-30
TEL 03-3868-3275　FAX 03-3868-6588
印刷・製本　株式会社上野印刷所

ISBN978-4-434-27204-2 C0076